打击孩子的话 拯救孩子的话

研究了10000名罪犯的犯罪心理学家告诉你：
看似平常的6句话，对孩子伤害却这么大！

［日］出口保行 著　　李诺 译

中国致公出版社·北京

·前言·

我从在法务省见到的10000名罪犯身上学到的事情

犯罪、违法、不良行为的发生，与成长在什么样的家庭环境中有很大的关系。在家庭环境中，并非只存在虐待和弃养儿童、贫困等这类明显的教育不足。

事实上，在很多情况下，父母出于为孩子好而说出的话语，可能反而成为了"打击孩子的话"，并毁掉孩子的未来。

没错，父母在育儿方面不易觉察的小疏忽才是问题所在。

对10000名罪犯、失足青少年进行心理分析后，我对此深信不疑。

虽然目前我在大学教授心理学，但以前在日本的法务省工作过。在法务省从事心理工作的 22 年里，我曾供职于青森、横滨、高知、松山的 4 所少年鉴别所[1]，关押重大刑事犯的宫城监狱，以及东京拘留所。

此外，我还曾在霞关的法务省矫正局和法务省大臣官房秘书科、法务省综合研究所等处工作过。

我对很多类型的犯罪，以及有违法行为的青少年进行过心理分析。

当我在东京拘留所工作的时候，正值二战后日本的犯罪案件数量达高峰的时期。从盗窃犯相关人员，到指定暴力团、大规模盗窃集团、外国犯罪集团等，我对在日本发生的各种类型的犯罪进行过心理分析。另外，由于宫城监狱集中关押了包括被判处无期徒刑在内的长期服刑犯，所以我也对实施抢劫、强奸杀人、恐怖袭击杀人、骗保杀人等各种穷凶极恶的罪犯进行了心理分析。在少年鉴别所中，我也尝试对偷窃、使用兴奋剂等各类型的失足青少年进行心理分析。以上的每段经历都给我留下了深刻的印象，至今记忆犹新。

虽然违法、犯罪行为本身是绝对不可以原谅的，但当

---

[1] 日本处理违法少年问题的专门机构。

我看到失足青少年们时，在某种程度上深感他们其实是大人们的"牺牲品"。因为那些青少年们并不是自己主动变坏的。

正如本书开头所述，在一个看似没有问题的家庭里，很多情况下，监护人"觉得是为孩子好"的事情，对孩子来说却并非如此。这就像"扣错扣子"一样，最初的一步错，将导致步步错，最终酿成大问题。

当然，世界上没有哪位父母希望自己的孩子变成罪犯。

绝大多数父母在得知自己孩子的违法行为时，都会大吃一惊，"真没想到我家的孩子竟然做出了这样的事"。

周围的人也会十分震惊，感叹"那么好的孩子为什么会犯罪呢"，这样的情况屡见不鲜，甚至有些家庭还被周围人认为是"如画般的理想家庭"。但是，如果耐心地探寻孩子出现不良行为的心理轨迹，就会发现犯罪一定是有缘由的。

怎样才能使孩子适应社会、幸福地生活下去呢？周围的大人们应该注意哪些方面呢？我曾对10000名罪犯和失足青少年进行了心理分析，这也意味着我接触过很多育儿失败的案例。了解育儿失败案例不仅可以预防育儿失败，还可以成为思考"如何成功养育孩子"的契机。换言之，这与所有的父母息息相关。

因此，我根据以往的经验，写了这本育儿书籍。这是我第一次执笔撰写面向大众家庭的书籍，所以书中或许会存在个别不易理解之处。但我希望，本书能够对您有所帮助。

另外，本书列举了一则违法、犯罪的案例。当然，出于保密原因，不能将本人在现实中负责过的心理分析案件原封不动地记叙下来。因此，本书中的案例皆为虚构，案例中人物的名字均为化名，但大部分内容建立在事实的基础上。为了不照搬真实的案件，我在本书中改写了事件细节，或者将两个以上的案件组合在一起进行撰写。

在本书中，我将列举出特别典型的"打击孩子的话"，同时加以说明，以便能够更好地运用到父母真实的育儿和教育中。

2022 年 7 月

出口保行

· 目录 ·

序章

"为了孩子好"
是父母的自我满足

为什么"为了孩子好",反而会导致孩子犯罪?	002
在心理分析中,重要的是"主观现实"	004
任何人都可以改过自新	007
父母认为的"为了孩子好",却有可能给孩子带来困扰	009
父母容易陷入确认偏误的陷阱	011
经常反思自己是否单方面地施压于孩子	012
调整育儿方针的前提是建立信任的亲子关系	016

CHAPTER 01

"与大家和睦相处"
会破坏孩子的个性

小渡的案例　盗窃（偷窃）	022
"与大家和睦相处"，会压抑孩子的个性	025
"与大家和睦相处"不同于"不区别对待他人"	027
掌握保持心理距离的方法	029
说"漂亮话"导致的教育问题	031
"因为你是哥哥"，这样说对孩子是巨大的困扰	034
父母过度管教，会让孩子失去自我	036
培养既有协作性又能表达自我主张的孩子	037
用积极的话语，把孩子的短处转变为长处	039
指出缺点并进行鼓励能够激发孩子的个性	041
培养孩子发展正面的兴趣	042

CHAPTER 02

"快点做"
会破坏孩子的预测能力

| 由佳的案例　挪用公款 | 048 |

缺乏事前预测能力，导致做出不理性的行为　051

为什么不能对孩子说"快点做"？　053

帮助孩子养成逆向思考的习惯　055

有能力，却不知道该做什么的人　056

在考虑未来之前，先让孩子思考现在的处境　058

培养孩子预先设想困难、应对问题的能力　061

为什么自律很困难？　063

要让孩子具备逻辑思考的能力　065

天才提高预测能力的方法　067

"加油"
会破坏孩子的积极性

直人的案例 违犯大麻取缔法	072
父母看似鼓励的话,孩子可能会有截然相反的理解	075
"加油"有时候并不能激发孩子的积极性	076
"努力了也没用"——什么是习得性无助?	078
孩子表现出没有干劲儿,可能是源于对父母不信任	080
孩子无法努力的原因是什么?	081
孩子为什么不能实现自我价值?	082
奖励起了反作用?	085
恢复孩子的心理弹性	088
从对运动员的心理分析中了解保持心理弹性的诀窍	090
与其追究原因,不如对孩子说些重燃希望的话	092

CHAPTER 04
"要说多少次你才明白"
会降低孩子的自我肯定感

小瞳的案例 发生不正当行为	094
不珍惜自己的孩子,往往自我肯定感低	097
自我肯定感不是以自我为中心	098
打动人心的夸奖来源于仔细观察	100
观察细微变化,发现孩子的努力和成长	102
培养孩子的自我肯定感与自我效能感	103
"要说多少次你才明白",会降低孩子的自我肯定感	106
"我家孩子不行……",孩子听到后会失落	109

"好好学习"
会给孩子带来过大的压力

浩司的案例 杀人未遂	112
"好孩子"为什么会犯下重罪？	115
当孩子出现心理狭隘的现象时，可能会做出极端的行为	116
帮助孩子找出产生错误念头的心理动机	119
预防犯罪和违法行为的"风险和成本"是什么？	120
利用最大的成本——家人，打消犯罪的念头	123
让孩子明白不是"在竞争中输了就走投无路了"	124
越是让孩子好好学习，孩子越不想学——飞镖效应	126
与孩子谈论学习以外的话题	128
学习受挫时，运用"小步子原理"将目标细分	129

"小心点！"
不让孩子体验，缺乏同理心

| 麻衣的案例　诈骗（投资诈骗） | 134 |

缺乏同理心造成的悲剧　　　　　　　　　　137

"不是我的错"——合理化的心理　　　　　　139

培养孩子的同理心和道德心　　　　　　　　141

为什么不能经常对孩子说"小心点"？　　　　142

让孩子学会内省，而非反省　　　　　　　　145

直面自我感受的"角色书信疗法"　　　　　　147

你是否对孩子过度保护或过度干涉？　　　　154

过度保护和自由放任，都不利于孩子的成长　158

遇到难题，与其父母插手，不如咨询专家　　160

终章

父母的陪伴和关爱，
是让孩子成长的力量

我是没有走上歪路的"老师的孩子"	164
无论发生什么事情，家人都会一起商量	166
通过"家庭品牌建设"，打造无可替代的家庭	169
只要坦诚地面对孩子，孩子就能感受到父母的态度	171
写给那些认为"都是父母让我变成了这样"的人	173

序章

"为了孩子好"
是父母的自我满足

父母们都有可能掉入这样的危险陷阱。
当你说出"为了孩子好""为孩子着想"这类话时，
有必要进行自我反省，
"这真的是为孩子好吗"。

● **为什么"为了孩子好",反而会导致孩子犯罪?**

在开始第 1 章前,我想先在本章中传达育儿中的重要前提。

父母为了孩子着想,常常说出"要那样做""这样做不行"等各种各样的要求。人类作为社会的一员而生活,独自一人是无法生活的,所以人类必须具备社会属性。"不能偷别人的东西""不能实施暴力伤害别人"等,这是父母必须教授给孩子的社会规则。为了避免孩子步入社会后陷入困境,教给孩子最基本的规则是父母的义务。

在我所观察到的失足青少年的父母中,我认为有一部分父母采取过度放任的态度,并且放弃了作为父母的责任。当孩子出现某些不良行为时,他们仍然秉持"那是孩子做的事情,与我无关""不是我的责任"的态度。父母这样的态度,不可能给孩子带来良好的影响。

有一项调查数据显示,少年院[1]的老师们认为,少年院中收容的失足少年的父母们身上存在问题。根据这项数

---

[1] 对品行不良和犯罪少年实施矫正教育的机构,主要工作是对被收容者施以职业训练和思想矫正。

法务教官感受到的监护人身上的问题

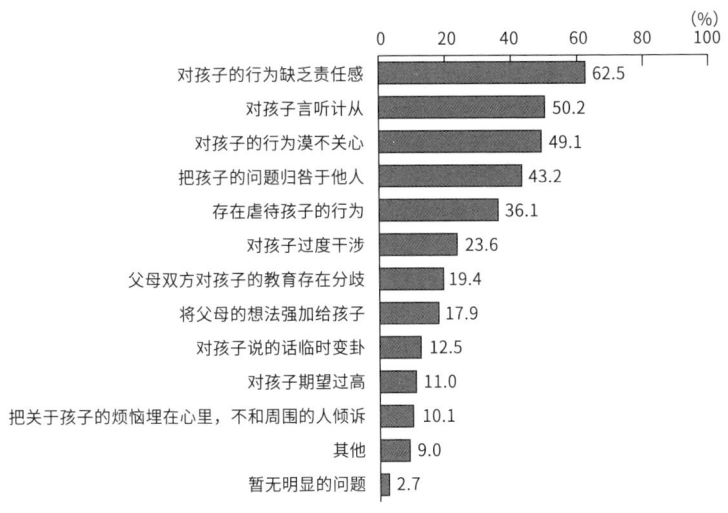

出处：2005年版《犯罪白皮书》"青少年违法"（法务省）

据，法务教官们认为监护人们最大的问题是"对孩子的行为缺乏责任感"（62.5%），其次是"对孩子言听计从"（50.2%），再次是"对孩子的行为漠不关心"（49.1%）。由此可见，许多少年院的老师们认为父母缺乏责任感是一个很大的问题。

有些父母不教给孩子社会规则，当孩子出现问题时，他们只会推脱说"这是孩子自己任性做的事，我不知情"。待在这样的父母身边，孩子就不懂得思考责任是什么。可想而知，这些孩子们改过自新的道路也会充满坎坷。

另一方面，为了让孩子具备社会属性而说的话，比如"要那样做""这样做不行"等，也可能会束缚孩子，使他们走向错误的人生道路。

"我这么做是为了孩子好。"

这句话我已经不知道从失足少年的监护人嘴里听过多少次了。

有些父母既没有对孩子放任不管，也没有虐待孩子，他们按照自己的方式非常努力地教育孩子。他们为孩子着想，为了孩子好，对孩子苦口婆心地说了很多话，结果很多父母都产生了这样的想法："没想到我的孩子做了这样的事……"

父母为了孩子好而做的事情、所讲的话，为何会导致孩子违法、犯罪呢？

● 在心理分析中，重要的是"主观现实"

正如本书前言中所述，迄今为止，我对10000名罪犯、失足青少年进行了心理分析。

在此，我简单地说明一下，何为犯罪心理学中的心理分析。

心理学是一门科学，它是一门基于一定的事实进行分析的学问，不同于所谓的占卜与预言。在综艺节目中，有时也被期待着像占卜一样，"猜猜心理"，但是它和"猜"是不同的。因为归根结底，心理学是基于证据和数据来进行分析的。

具体来说，我在心理分析现场做的事情包括三个方面，即"一对一面谈""心理测试"和"行为观察"。

在面谈中，我会耐心地询问他们的成长经历、家庭情况和与学校生活相关的问题等。特别是家庭情况，我首先会耐心地询问每个家庭成员是什么样的人。当然，这些询问不止一次。

为什么我会询问这些？因为我要分析出，是哪些记忆对他的人格的形成造成了影响。如果不经过这一步，是无法进行心理分析的。

在面谈中，我也会调查案件发生的过程，所以曾被问过"你的心理分析和警察的调查不一样吗？"。这两者完全不同。警察的调查基本上是按照时间轴寻找客观事实的，调查罪犯于几点几分在哪里做了什么事情，而记录了罪犯口供的笔录也会成为审判资料。在警察的调查中，重要的是客观事实。

而在心理分析中，重要的是"主观现实"。我们当然也会基于客观事实进行询问，但问题是罪犯本人是如何理解这些事实的。有时候，即便在旁人看来是不起眼的小事，对罪犯本人来说也可能是一个巨大的打击。

例如，父母不经意地说"你还需要再努力一点啊"，实际上，这句话却变成了孩子非常沉重的负担。虽然父母说"你要加油啊"是客观事实，但是孩子将这句话理解为"自己不管做什么都没用，因为妈妈是绝对不会认可我的"，这种理解便是主观现实。

做心理测试便是为了了解人的特征。尽管我在面谈中注重主观现实，但同时也通过心理测试进行客观的测定与评估。

有很多类似游戏的心理测试，它们通过让你回答问题，以此表明"你的特征是……"。而犯罪心理分析所涉及的分析工作，是只有专业人士方可理解的专业知识。实施心理测试并进行解释也是心理分析的一种。

之后，是进行"行为观察"。

在现实中，很多人为了逃脱罪责，便试图在面谈环节中"装成好人""假装反省"，泪流满面地说"我做了很糟糕的事情，以后会洗心革面，好好地生活"，而自己一个人躺在床上的时候，却对此不屑。这样的情况数不胜数。因此，在面谈之外，进行行为观察也是非常重要的。

当家庭裁判所要求对失足少年进行详细调查时，会在少年鉴别所对他们进行为期约四周的心理分析。家庭裁判所将依据该结果，对他们做出裁决。当他们被送进少年院时，这份心理分析结果将会派上用场。

● 任何人都可以改过自新

如上所述，我们需要从多个角度进行心理分析。我们对每一个罪犯都认真地花费时间与精力进行心理分析。这一切都是为了让分析结果能够在他们的改过自新计划中发挥积极的作用。

人们常常误以为犯罪心理学是指"分析那个罪犯为什么会犯罪"。当然，调查犯罪的原因很重要。虽然犯罪心理分析会分析"人为什么会犯罪"，但这不是心理分析的目的所在。

犯罪心理学的目的是引导并帮助罪犯走上改过自新的道路。我们之所以对犯罪者加以教育，是为了让他们能够回归社会，过上自律的生活。为了制订改过自新的计划，我会认真地花费时间，进行心理分析。每名罪犯改过自新的计划都是因人而异的，是根据他们的情况量身定制的。

虽然很多人都不知道，但是就少年院而言，日本罪犯改过自新的比率是非常高的。

从少年院出来后，5年内因再次犯罪重进少年院的比率约为15%[1]。也就是说，大多数的犯罪青少年都能够改过自新。

进入少年院的孩子的数量也是很少的。在家庭裁判所处理的约44000件违法案件中，进入少年鉴别所的人数约为5200人，进入少年院的人数约为1600人。即进入少年鉴别所的人数约占整体的12%，进入少年院的约占整体的4%[2]。

一般来说，进入少年院的都是那些被认为是"无可救药"的青少年。在一般情况下，被认为"无法适应社会生活""还会再次犯罪"的青少年，在进入少年院一年左右后就可以回归社会，而且大多数孩子都不会再犯罪，能够过

1　出处：2021年版《犯罪白皮书》（法务省）。
2　出处：2021年版《犯罪白皮书》（法务省）。

上正常的生活。这确实是个惊人的数字。

这说明，我们基于犯罪心理学的分析结果开展的矫正教育取得了上述成果，正是矫正教育中所制订的改过自新计划和我们认真的教育实践发挥了作用。

只要认真地做好心理分析，并基于此进行良好的一对一教育，那么无论是多么"无可救药"的青少年，都能在社会中过上自律的生活。我一直坚信并实践着，那些进行教育工作的少年院的老师们也是秉持着这样的理念实践着。

● 父母认为的"为了孩子好"，却有可能给孩子带来困扰

对于改过自新的孩子来说，我认为比较麻烦的是监护人。因为孩子自己能够改变，但是如果父母不愿意改变的话，那么孩子的改过自新之路也会变得困难。

我曾见证过很多失足青少年改过自新。比如，我对父母说"对于孩子说的话，不要马上否定，请您先接受孩子的话，再对他进行引导"。一些父母会意识到自己以往的做法给孩子带来了痛苦，并做出改变。他们会向孩子道歉，说"是我不好，对不起，以前是我没注意到你的感受"，并

且努力改变以前做得不好的地方。

在这种情况下,失足青少年改过自新并非难事。虽然曾经犯了一次罪对他们而言是一种沉重的负担,但以此为契机,却可以朝着好的方向发展。

不过,也有一些父母,当我把上述同样的话告诉他们时,他们根本听不进去。有些父母甚至还会大发雷霆,说:"我是按照自己的方法教育孩子的!你懂什么!""这种事不用你告诉我,我也知道!我一直在好好教育孩子!"

如果父母认为自己是"为孩子着想才这样做的",那么即使告诉他们"这样对孩子会造成困扰",他们也很难接受。我能理解他们的这种心情。

但是,很多情况下,父母相信是好的事情,对孩子本人而言,却是很大的困扰。然后,原本只是像扣错了一枚纽扣般的小错误,渐渐地发展为无法挽回的严重事态。

父母们都有可能掉入这样的危险陷阱。当你说出"为了孩子好""为孩子着想"这类话时,有必要进行自我反省,"这真的是为孩子好吗"。重要的是对孩子而言的"主观事实",这一点无论怎么强调都不过分。

● 父母容易陷入确认偏误的陷阱

父母们本来就会因为"确认偏误"而难以调整育儿方针。"确认偏误"是一个心理学术语,指的是无意识地只收集有利于支持自己观念的信息。只关注支持自己的想法是正确的信息,而忽视否定自己想法的信息,其结果就是使人变得固执己见,做出偏颇的判断。

确认偏误不仅出现在育儿中,也会发生在生活中的方方面面。正因为它是所有人都容易陷入的误区,所以为了能够采取客观冷静的思考方式,我们有必要努力并有意识地了解与自己的观点不同的想法。

但是,在育儿方面,特别容易发生确认偏误的情况。这是因为,人们很难将育儿和自己家人间的事情告诉其他人。

即便周围的人认为"你应该多听听孩子说的话",也担心说出来会被说"多管闲事"吧。如果被对方反驳"我家有自己的育儿方针",那便无法再开口。因为只要没有发生虐待等严重问题,外人很难介入一个家庭中。而且即便有虐待,如果父母坚持说"这是管教",外界也无法轻易地介入其中。

在家庭这样一个在某种意义上属于封闭的系统中，如果父母坚信"这是为我的孩子好"，那么其他的信息将很难渗透进来。

这样，会变成什么情况呢？那就是，父母越来越无法察觉孩子内心发出的求救信号了。

当孩子"想让父母更加关注自己""想被认可"时，很难将这些感受直接地表达出来，而是通过小小的顶嘴、该做的事情不做等微小的行为表现出来。孩子的求救信号很难被父母理解。确认偏误一旦起作用，父母们就不会理解这些行为的意义，只是一味地固执己见。然后，以某件事为契机，孩子便会爆发不满。

所以，父母"为孩子好"的做法有可能导致孩子的不良行为或犯罪。

当然，也存在目前的育儿方针实施得非常顺利的情况。如果没有问题的话，那是再好不过。但我也希望父母们了解，父母在教育孩子方面很容易产生确认偏误。

● **经常反思自己是否单方面地施压于孩子**

为了摆脱育儿过程中的确认偏误，重要的是反思自己有没有觉得"为了孩子好"而强迫孩子做事。没有必要将这个问题思考得过于复杂，只要夫妻间、监护人之间经常沟通就可以。通过了解他人的看法、想法，或许能够意识到自己的偏见，而且家人之间也能够指出来彼此的思维固化之处。

例如，母亲"想让孩子学习各种各样的技艺特长。为了提升孩子的能力，父母应该给予孩子开启最初学习的契机"。另一方面，父亲则认为"如果因为忙于学习技能，而减少了与朋友玩耍的时间，就太可怜了。对于这个年龄段的孩子来说，有自由玩耍的时间才是最重要的"。

上述假设是非常普遍的情况。如果夫妻之间通过交流，彼此都觉得"确实还有其他的思考方式"，然后寻找到一个恰当的平衡点，那就再好不过了。孩子们也能感受到，父母是在为自己进行沟通，是在为自己着想。沟通的过程本身是很重要的。

最糟糕的情况是，父母们面对孩子，各自有着不同的教育理念和方式。

有些家庭会对孩子说"虽然妈妈是那样说的，但是爸爸是这样想的"，这样一来，孩子内心便会陷入混乱。甚至在某种程度上，孩子会有区别地表露出"给妈妈看的

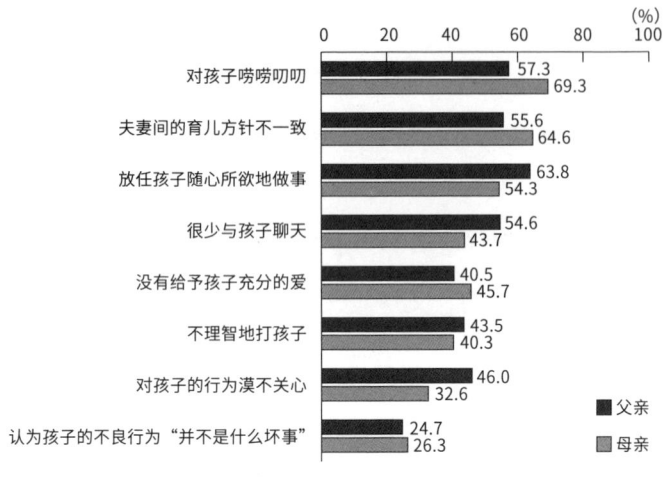

出处：2005年版《犯罪白皮书》"青少年违法"（法务省）

脸""给爸爸看的脸"。但是，这并不能一直持续下去。对孩子而言，这是一种巨大的压力，不知何时便会爆发出来。

在对少年院中孩子的监护人进行的问卷调查结果显示，在育儿问题上，监护人选择"夫妻间的育儿方针不一致"的比率很高。

问卷中选项最高的一条为"对孩子唠唠叨叨"，约七成的母亲会这样做。

通过上表，我们可以看到因育儿方针不一致而对彼此感到不满的夫妻。妻子觉得"我明明是为了孩子才这样做的，老公却不帮我。他什么都不明白",然后对孩子的干预越来越升级。因为她认为自己必须教导好孩子。这样一来，偏见反而不断被强化。

实际上，当我在面谈中询问监护人"你们之间沟通过吗？"，有不少人会不满地说"无法交流""跟他（她）说了也不听"，并且双方都认为"是对方的错"。这样看来，父母根本没有意识到自己的偏见，而这种偏见会对孩子产生不良影响。

倘若夫妻之间能够多进行沟通，努力去理解与自己不同的想法，那就不会出现这样的结果。

问题并不在于"方针不一致"这件事本身。

因为夫妻本就是不同的人，双方的价值观自然有所不同。育儿方针不一致，也是极其常见的事情，或者说不一致才是常态。但是即便不一致也没关系，重要的是双方进行沟通。

当单亲家庭中缺乏互相沟通的人时，我推荐您去公共机构进行咨询。如果和自己的父母、兄弟姐妹等亲人一起去，但当您与他们意见相左的时候，恐怕还是很难进行沟通。在这种情况下，最好的办法是求助专家。特别是在没出现问题的时候，可以去咨询专家："我采取了这样的育儿方针，请问你觉得可以吗？"

当然，自我检查也是发现确认偏误的方法之一。本书也将向您介绍自我检查的方法。

● 调整育儿方针的前提是建立信任的亲子关系

父母为了使孩子过上自律的社会生活，常常站在管教的立场上。同时，父母对自己深爱的孩子也有"我想让他变成这样""让他大显身手"的想法。这些便会形成"育儿方针"。正如本书前文所述，由于父母容易陷入确认偏误，所以适时地反思育儿方针是非常重要的。

话虽如此，我认为不是所有人都对孩子有明确的育儿方针。很多情况下，父母以自己经历过的事情和体验为基础，认为是"好的做法"就会运用于教育孩子。在这种情况下，即使告诉他们"要重新考虑育儿方针"，他们也会感到莫名其妙，然后继续做"认为对孩子好"的事情。

如今是一个信息爆炸的时代，很多父母不断地获取信息，了解到那个育儿方法好，这个育儿方法好，而难以确定自己的育儿方针。

像这样，在许多父母尚不明确育儿方针的情况下，我想先告诉您一个前提。

那就是，亲子间的信任关系才是至关重要的。

频繁地改变教育方针并不是一件好事。因为我们无法信赖那些说话总是反复无常的人。更糟糕的是，父母在不告知孩子的情况下擅自改变教育方针。如果孩子不知道父母为何改变教育方针，便会对父母产生不信任感。

本书中所介绍的犯罪案例的共同之处在于，孩子们不信任他们的父母。孩子从对父母不信任开始，慢慢地演变为对整个社会感到不信任和疏离。

对孩子来说，"无法信任包括父母在内的大人"是一件非常不幸的事情。少年院的老师亲身教导孩子们，"大人不是敌人，其中也有值得信任的人"，告诉孩子们"可以信任大人""没问题的"。老师们在与孩子建立信赖关系的基础上，为孩子们指明重新做人的道路。无论多么完美的指导方法，如果不能让孩子们信任大人，那便毫无效果。

因此，如果我们在中途调整孩子们的改过自新计划，肯定会提前进行说明。因为基于心理分析为每个孩子制订的计划只不过是一个假想方案。在实践的过程中，会出现"还是改变方针比较好""还是改变计划的这一部分比较好"的情况。

在这种情况下，我会认真地进行解释，"实际上，我基于这样的假设制订并执行了方针，但现在发现，这种假设好像是错误的。所以，我转变了计划的方向"，之后再更改方针。如果随意更改计划的话，则会让孩子陷入内心混乱中，也会破坏信任关系。与其随意改变，还不如不改变。孩子对不信任感的反应是非常敏感的。

例如，您一直以来都对孩子说"你是哥哥，要好好表现，成为弟弟妹妹的榜样"，但假如您意识到这种话会给孩子带来巨大的压力，您会怎么办呢？

如果您突然开始对孩子说"不要在意周围的人，按照自己的想法去做就可以"，孩子内心将会陷入混乱中。孩子会觉得"那你以前说的话为什么不算数了"，可能会对您产生不信任感。

"以前，我总是说，期待你能承担起作为哥哥的责任。如果那些话给你带来压力的话，我觉得很抱歉。因为我希望你能幸福，所以我以后会尽量不再说以前的那些话了。兄弟姐妹每个人都有自己的个性，我希望你们每个人都能发展自己的个性。"

如果您能这样好好地对孩子解释，就没问题了。孩子们应该也会信任能够这样与自己沟通的父母。

如果孩子年龄比较小的话，可能您会觉得"即使和他说了也听不懂吧"，但绝不是这样的。当然，小孩子可能听不懂具体的道理，但他们能够明白父母想与自己交流，最重要的是，孩子能够感觉到父母在认真地对待自己，所以会感到安心。认真地对孩子进行解释，这件事本身是很重要的。

就算是父母也有犯错的时候，无须为此感到羞愧。因为人无完人。

如果您之前对孩子说的话是错误的，现在想换一个更好的方法，那么不要敷衍，也不要嫌麻烦而忽略沟通，向孩子解释清楚是很重要的事情。

只要亲子间建立信任的关系，那么父母和孩子一定能够携手度过人生中的种种危机。

CHAPTER **01**

"与大家和睦相处"
会破坏孩子的个性

无论是"要和大家和睦相处"

还是"不要和某某交往",

如果父母无视孩子的感受,一味地指示,

孩子都会放弃自己思考。

小渡的案例

罪状 盗窃（偷窃）

与同伙共谋盗窃书店 26 本杂志

小渡是一名非常普通的八年级学生。他成绩中等，在班级里与大家相处融洽，没有遭受过排挤和霸凌，还参加了学校的足球社团。从上小学时起，他就在本地的体育少年团中踢球，并成为固定防守位置的球员。

即便是这样的小渡，也有自己的烦恼，那就是无法表达自己的主张。由于父母总对他说"与大家和睦相处"，所以小渡常常观察别人的脸色，在表达自己的想法前，总会先揣摩"别人会怎么想呢"。在上小学时，他曾对父母说，想为足球队定制队服。不料，父母却说"你还是不要出头吧"。从此以后，小渡就变得怯于表达自己的想法。

后来，每当他提出一些建议时，也都遭到了父母的否定，说出"你以为你是谁"之类的话。就这样，即便小渡有自己想做的事情，但一想到"反正我父母也不会赞成吧"，也渐渐地失去了积极性。

升入八年级时，小渡和自小学时起关系就不太好的慎二成了同班同学。慎二富有主见且勇于表达，是领导型人格。足球社团的队员们都希望他担任下一任队长。然而慎二总是动不动就攻击小渡，挑衅他："有什么话就直说！"

但是，小渡总是说，"没有，没什么要说的……"。

也许是小渡有意避免冲突的态度反而惹恼了慎二，他的行为变本加厉，在踢足球时会故意绊倒小渡。小渡的压力不断积累，开始频繁地缺席社团活动。

"你是不是有什么烦恼呢？"

正当小渡放学后在教室里发呆时，有点像不良少年的、酷酷的光弥向他打招呼。光弥是那种会在运动会上担任啦啦队队长类型的人，同学们对他都会另眼相待。面对光弥，小渡第一次敞开了自己的心扉。

"我真的很讨厌慎二。但是，我不能把这样的话告诉我父母，也不能告诉任何人。"

"为什么不能告诉父母呢？"

"因为他们说，不能和大家和睦相处的孩子是不好的，你还要给弟弟树立榜样呢。"

"这样啊……，不过我倒觉得有讨厌的人也没关系。"

小渡渐渐地与倾听自己心声的光弥变得亲近起来。当光弥邀请他"下次一起去偷东西"时，比起做坏事的罪恶感，小渡心里更在乎的是"和光弥分享秘密"，所以便毫不犹豫地答应了他。实际上，光弥是一个小偷惯犯。

不过光弥并不是因为经济拮据而偷窃，而是为了享受刺激，抱着玩游戏的心态才反复作案。最初他只是独自偷东西，但是后来为了追求更强烈的刺激，便开始与伙伴们比赛竞争偷窃物品的数量。偷窃团伙的成员们声称"偷来的东西不会出售。而且这只是一场竞争数量的游戏，之后再还回去就可以了"等等，以此将自己的违法行为正当化。然而实际上，他们从来不会阅读偷来的杂志和书籍，只是堆在家里。

后来，小渡和光弥的几个伙伴一起在大型书店里偷窃书籍，也成了一名惯犯。

● "与大家和睦相处",会压抑孩子的个性

由于父母总是对小渡说"要与大家和睦相处",所以小渡无法表达自己的想法,内心积累了很多压力。他的父母可能认为"人际协调能力很重要",这个价值观本身并没有什么问题。

只不过,小渡父母在所有事情上都将人际关系放在优先位置,而没有聆听小渡的感受,这样的做法是不恰当的。因为这样传达出一个信息:"与大家都和睦相处"等于"压抑个性"。对于小渡而言,使自己发生转变的关键性事件是,在向父母表达了自己"想为球队定制统一队服"的愿望后,父母却说"你还是不要出头吧"。此后,小渡便认为"不能说出自己的想法"。

乍一看,小渡与大家关系和睦,在学校生活方面没有任何问题。但是小渡却有个很大的烦恼,那就是讨厌慎二,并不想和他和睦相处。或许在大人看来,这是件微不足道的小事,但对孩子本人而言,却是一个大问题。频繁地缺席社团活动,就是小渡发出的求救信号。他那段时间的状态肯定与以往不同。

如果小渡的父母能够注意到他的异样,并认真地倾听

他说的话就好了,但是主动对小渡说话的却是偷窃成瘾的光弥。由于光弥是第一个倾听小渡心声的人,所以小渡与光弥的关系很亲近,不久就加入了偷窃团伙。

周围的人感到非常惊讶,"一个好孩子为什么会做出这样违法的事呢"。但是不被允许表达自己的想法、时刻在生活中察言观色的孩子,他的自主决策能力是很差的。因为这些孩子即便很擅长迎合他人,也不能批判性地看待别人,甚至连"这是坏事,还是不做了吧"的理性判断也无法做出。

与所有人都和睦相处只是一种理想状态。但是当大人对孩子说"要和大家和睦相处"时,其背后是不是隐藏着大人们只图自己方便的想法呢?因为如果孩子与同学发生矛盾了,事情就会变得麻烦,所以想让孩子与同学们都好好相处。这种为了大人的方便而说的话,孩子们其实也懂。渐渐地,这会让孩子们感觉自己并不重要。

其实孩子也很想与大家都和睦相处。但是,因为某些原因无法做到,所以孩子会觉得很困扰。如果不能和睦相处,那父母们就要多思考,是否应该认真倾听孩子的话比较好。

在这个案例中,当小渡提出关于定制队服的建议时,父母应该首先倾听孩子的心声。"为什么会这样想呢"，除了询问孩子的想法，还可以向孩子说明自己的观点，"爸爸妈妈还会在意你周围人的意见。""我们担心如果大家的意见不一致，这件事一直拖延的话，你就没办法专心踢球了。"

哪怕最终小渡按照父母的想法，"这次决定放弃了"，他也会觉得在下次遇到烦恼时可以表达自己的想法。

另外，小渡无法把自己和慎二不能好好相处的烦恼告诉父母，假如小渡与父母商量的话，父母应该先听一下他的想法。父母笼统地说"要和睦相处"，这是最糟糕的做法。当然，如果父母说"不要和那个家伙交往了"，同样是不可取的做法。因为这不是父母该做出指示的事情。

如果父母更进一步地说"我去交涉"，然后去和对方的父母或者学校交谈的话，也无法解决问题。在孩子没有请父母帮忙解决问题的情况下，如果父母擅自出面进行交涉的话，孩子肯定会觉得尴尬。

● "与大家和睦相处"不同于"不区别对待他人"

"与大家和睦相处"，简单地说就是一句"漂亮话"。究竟有多少人能够真正做到和周围所有人都和睦相处呢？即便是大人，也会遇到难以应付的上司、合不来的同事或下属，也会抱怨说"无论如何都不喜欢那家伙"吧。因为人们的价值观以及所处的立场都是不同的，所以遇到与自己合不来的人是很正常的。如果勉强地迎合对方，只会让自己感到烦恼。

所以对于和自己合不来的人，没必要迎合对方，也没必要和对方和睦相处。这与"不区别对待他人"是两回事。

所谓的区别对待，是指因为那个人的特征而不公正地轻视对待他。例如在学校的班级中有外国小孩，老师不让那个孩子"担任课代表"等特殊的对待方式就是区别对待。

人类生来拥有超越人种、民族和性别等差别以及过上幸福生活的权利。当然，保护人权是非常重要的事情。父母必须教导孩子，每个人都是很重要的个体，不能区别对待他人。

但是保护人权和"与大家和睦相处"是不同的。即使遇到不能和睦相处的人，这本身也没什么问题。如果想方设法解决关系不睦的问题，反而会引起麻烦。

● 掌握保持心理距离的方法

如果你身边的人都是自己喜欢的人,那再好不过了,但很多时候并非如此。身边存在自己讨厌的人,是很正常的事情。我们无法消除自己喜欢或厌恶的情绪,重要的是在承认自己好恶的基础上,如何与讨厌的人相处。与讨厌的人相处时的关键是掌握"保持心理距离的方法"。

即使在物理上距离很近的地方有自己讨厌的人,只要在心理上与对方保持距离,相处时心理压力就会减小很多。说得极端一点,你要抱着"即使离得很近,但心理距离就像是从地球到某颗遥远的星球,距离几亿光年"的想法,毫无压力地去和对方相处就可以了。

说起来简单,但是实际做起来是非常困难的。这时候就需要学习"保持心理距离"。因为在实际相处的过程中,由于对方的客观存在,不论我们如何保持距离,对方也可能靠近我们。于是我们被迫在近距离内进行思考,其结果就是导致我们内心积累压力。

这是我曾经为发生邻里纠纷的人进行心理分析的故事。那个人几乎每天都会敲敲打打地制造噪声,乱丢垃圾弄脏小区街道。因此附近的居民们都不喜欢她,而她的扰民行为也越来越变本加厉。

经过对她进行心理分析，我发现其实是由于她想和邻居和睦相处才导致事态恶化。原本她想和邻居和睦相处并主动交谈，然而却被邻居们无视或误解，这些小摩擦便成为她做出扰民行为的契机。由于她无法接受不能与大家和睦相处的痛苦，所以便以扰民的方式表现出来。

无论是她，还是与她产生矛盾的邻居们，如果他们能够很好地与对方保持心理距离，就不会发展为严重的问题。正因为对方居住在附近，彼此的物理距离很近，所以会经常碰面。

但是，倘若能够与对方保持较远的心理距离，就不会那么在意对方。见面就打个招呼，要是对方看上去遇到了为难的事，就主动和对方说句话，只要双方保持这样的距离感相处，那么就可以形成让彼此都感到舒适的人际关系。双方在交谈中也存在自然而然地拉近距离的情况，但是如果其中的一方为了拉近距离而单方面地迫切寻求建立亲密的人际关系的话，就会导致双方关系难以发展。

像这个故事一样，很多邻里间的纠纷都是由于无法保持关系的平衡，最终导致事态升级恶化。而产生"光看见对方的脸也觉得很讨厌"的心理压力，都是因为心理距离过近导致的。

大人们经历过各种各样的人际关系，很擅长保持这种关系的平衡。虽然大人们不会迎合对方，但也不会试图改变对方，他们能恰到好处地与对方进行交流。

然而，对于经验不足的孩子来说，这却是一件困难的事。正因为如此，在失败中吸取经验是非常重要的。

对于小渡来说，如何与关系不好的慎二相处，应该是一次很好的学习机会。在这件事情上，重要的不是父母的指示，而是孩子要自己思考。如果孩子来找父母商量，说"我讨厌慎二"，父母应该在倾听孩子话语的同时，说"你为什么会这样想呢""你觉得对方是怎么想的呢"，像这样进行询问，来引导孩子自己思考。

● 说"漂亮话"导致的教育问题

如果把"和大家都和睦相处"这样的漂亮话强加给孩子，那么一定会出现问题。因为实际上这是不可能做到的，所以孩子会因为做不到而感到痛苦，觉得"不能和大家和睦相处的自己太没用了"。另外，大人说"要和大家和睦相处"，但是大人自己却做不到，这也会让孩子对大人产生不信任感。

"不能撒谎"也是同样的道理。

另外，通过欺骗别人来非法获取利益，或者通过撒谎来伤害对方，这些都是不可取的。我们每个人应该都有撒谎的时候吧。如果有人宣称"我从来没有撒过谎"，那不是弥天大谎吗？

生活中有人为了不伤害别人而撒谎，也有人为了保护自己而撒谎。倘若宣称撒任何谎都是不可以的，那么当自己真正撒谎的时候，就会觉得很苦恼。一旦说过的谎言无法被纠正，那么就不得不多次重复撒谎。

在日本电视台的《世界上让人震惊的新闻》节目中，我曾经评论过一起案件：为了追求虚荣而撒的小谎，夺去了后辈的生命（2022年4月19日播出）。

犯下这起案件的是一位30多岁的男性，他很会照顾人，深受后辈们的爱戴。事情从他由于感染而失去腿、不能工作开始。在他因腿部手术住院时，有一个大学生和他的关系变得很好。这名大学生非常仰慕这位会照顾人的男人，于是主动和他说了很多话。

在某一次交谈中，这个男人出于虚荣对大学生撒谎称"正在从事网络商务赚钱"。然而实际上，他虽然接触过网络商务，但因失败欠下了债务。

最初这只是一个很小的谎言。然而男人没能纠正这个谎言，只能撒一个又一个谎。当大学生告诉男人"自己经济紧张，没有打工的地方了"时，男人不切实际地说"那你来给我的工作帮忙吧"。

当陷入进退两难的境地后，男人固执地认为"只能杀死这个后辈了"。然后这个男人杀害了这名比他小十多岁的大学生，并从钱包中抢走了9万日元。男人由于犯了盗窃杀人罪，被判处无期徒刑。

我并没有对这个男人进行实际的心理分析，但在看过很多类似的案例后，我感觉到，即使是很小的谎言，罪犯们也会产生"如果纠正谎言的话，自己不仅会被称为骗子，自己的整个人格也会被否定"的恐惧心理。

"对不起，我因为想装酷所以撒谎了。实际上我在网络商务方面失败了，而且还背负了债务"，明明这样解释就没问题了，但他觉得如果这样坦白的话，自己就完全被否定了。这起案件发生的深层原因是男人扭曲的自我表现欲。

总之，这样的人对自己缺乏信心。即使是面对关系很好的人，这些人也没有那种即使不请对方吃饭或者不给对方好处、对方也会喜欢自己的自信。

从这个案件中可以看出，只被教育"不能撒谎"的孩子，迟早都会陷入痛苦中。让孩子能够说出"我撒谎了，对不起"这句话，是很重要的。因为做错了改正就好了。每个人都有犯错的时候，即使是犯了错，也并不意味着他的价值就降低了。

坦白并纠正谎言是需要勇气的。我认为，如果孩子能够说出"那是谎话，对不起"，大人就应该夸奖孩子有坦白的勇气。

另外，如果大人在撒谎的时候，对孩子敷衍的话，就会导致孩子对大人产生不信任感。所以大人最好告诉孩子"我因为这样的理由撒谎了，对不起"。

● "因为你是哥哥"，这样说对孩子是巨大的困扰

"因为你是哥哥，所以忍耐一下。"

"因为你是姐姐，所以温柔一点。"

这些强加给孩子角色责任的话语，可能会磨灭孩子的个性。"因为是男人，所以不能哭""因为是女人，所以要忍耐"，像这种因为性别而期望对方扮演某个角色的话语也会产生同样的负面影响。这些无视孩子本人个性的话语会

成为沉重的枷锁，剥夺孩子的自由，我看到过很多因无法忍受这样的话而走上了歧路的青少年。

在本书第 24 页的案例中，父母也是对小渡说"你还要给弟弟树立榜样呢"，这些话给小渡造成了巨大的压力。因为小渡并不想让家人看到自己没出息的样子。

出生顺序和性别并不是由本人的意愿决定的，它们都是偶然的结果。父母强调"因为你是××"的角色，这些话对孩子来说是个巨大的困扰。

对于父母说出期望孩子承担起某个角色的话，越是努力回应父母这些期望的"好孩子"，越会感到痛苦。如果压抑自己，试图去扮演好角色，一定会存在勉强自己的地方。当然有的孩子会高兴地接受来自父母的期望，还有的孩子为了成为兄弟姐妹的榜样，会努力学习文化知识和技艺特长等。

但是，一旦进展不顺利时，他们就会一下子失去自信，然后因为某个契机突然爆发。这种例子非常常见。

基于孩子本人的性格、个性的期望是可以说的。"你很擅长倾听大家的话并进行总结，希望你能作为领导者继续努力"，这种期望将有利于孩子个性的发展。

但是，"因为你是哥哥""因为你是姐姐"，这些说法会破坏孩子的个性。因为只靠外部因素而说出的对孩子的期望，是不会产生良好的结果的。

● 父母过度管教，会让孩子失去自我

无论是"要和大家和睦相处"还是"不要和某某交往"，如果父母无视孩子的感受，一味地指示，孩子都会放弃自己思考。

在监狱中经常会听到"监狱化"这个词，它指的是犯人习惯了在监狱里的生活，失去了自己的个性和积极性。因为在监狱中，罪犯们常常被要求按照狱警的指示行动，这是他们适应这种要求的结果。如果只在监狱中服刑1～2年的话，监狱化的程度并不会很严重，但是倘若服刑10年的话，就会因为监狱化而难以适应社会生活。

我在宫城监狱任职期间，有一项工作叫"乘车保护"，就是护送结束长期服刑获得假释的犯人到仙台站，让他们乘坐列车。因为犯人们在监狱里待久了，在买车票乘坐电车的时候，有时候会碰到购票系统与以前不同的情况。这对他们来说操作有些困难，所以要予以指导。

有一次在仙台站，我想给一位被释放出狱的人买点饮

料，就对他说"请在这里等我一下"，然后去了商店。当我从商店里回来时，发现他正面向站台的墙壁，双手交叉在身后，闭着眼睛静静地等待着。当我问他"你在做什么"时，他说"你说让我等着"。尽管这听上去像个笑话，但是真实发生的事情。

如果孩子自己不进行判断，只是按照别人的意见来行动，这样是无法适应社会生活的。从监狱重返社会的时候，有必要让犯人对出狱后的行动和生活进行模拟和练习。

即使不像那名出狱人员一样，别人说"等一会儿"，自己就站直等待，但是在监狱里待久了很容易失去自主性，这是事实。类似的情况也可能发生在家庭中。如果父母采取高压的态度对待孩子，无视孩子的意见，这个家庭便容易产生"监狱化"的情况。

● **培养既有协作性又能表达自我主张的孩子**

很多人都非常重视协作性。协作性是日本人典型的价值观之一，我认为就它本身而言并没有什么问题。我也认为与周围的人协作创建的环境非常舒心。具有协作性，能够与周围的人合得来也是一种能力。

不过，在全球化不断发展的现代，不能表达自我主张也存在一些负面影响。

我在法务省工作的时候，参加过联合国的研修，与世界各国优秀的官员们进行讨论，那是一次令我印象深刻的经历。在模拟国际会议上，各国的强者们展开了激烈的辩论，即使打断别人的讲话，也要坚决地说出自己的主张。

包括我在内的日本人都被他们所压制，没能提出什么主张。这并不是因为我们没有想说明的事情，而是因为我们不习惯表达自己的主张。

在国际社会中，如果不能一边听对方发言，一边好好地表达自己的主张，是无法与对方竞争的。即使好不容易产生了好的想法，倘若不能很好地表达出来，也没办法让对方理解。这实在是太可惜了。

在日本，重视协作性的价值观不会轻易被改变。但我想强调的是，它本身绝对不是坏事。不过，对于生活在新时代的孩子们，大人们需要以新价值观来教育他们。

能够毫不畏惧地说出自己的意见、说出自己的主张，这是一个优点。具有协作性也是优点。无论孩子有哪个优点，都请您多表扬孩子。

● 用积极的话语，把孩子的短处转变为长处

面对自己的孩子时，父母很容易将孩子身上展现出来的与自己价值观不符合的地方视作缺点。例如父母明明很重视协作性，但如果孩子具有强烈的自我主张，父母可能就会对孩子说"多察言观色""不要光说自己的想法，要多考虑周围人的想法"。

但是，能够表达自己的主张也是一个长处。自己进行思考，并把它表达出来是一件很了不起的事情。

反过来，如果我们的价值观认为表达自己的想法很重要，那么或许就会对协作性强的孩子说"要有自己的意见""只迎合别人是没出息的"。

但是被视作短处的地方，其实也是一个长处。

如果父母能多关注孩子的长处，育儿就会变得轻松起来。如果父母只关注孩子的短处，就会感到担心，甚至容易对孩子发火，一味地斥责孩子，孩子就会变得唯唯诺诺，而且父母自己也很痛苦。

"你完全不考虑后果就行动了"，可以把这个缺点转变下说法，说成"一般情况下大家都会考虑很多，但你立即就做出决定，太厉害了"。这两种说法虽然不同，但都是对

同一个问题做出的评论。最初转变说法的时候，可能需要多加思考，但是养成习惯了的话，就不是什么难事了。

少年院的老师们非常擅长转换说法进行表达。因为老师们面对的是失足青少年，所以孩子们身上有明显的短处，但老师们会把短处转变为长处传达出来。

例如，对于以前一直被说"做什么事情都很慢"的孩子，老师们会说"他的优点是能慎重地考虑之后再采取行动"。

对于以前被说"动不动就厌倦，不能长期坚持"的孩子，老师们会说"他的优点是对各种事情都感兴趣"。

由于孩子们本人也将此视作短处，所以当听到老师们这样说的时候，会感到非常吃惊。孩子们第一次觉得自己被接纳了，也会变得以积极的心态来看待这些问题。

当然，如果孩子的某个特征是引起问题的原因，那么指出来这一点也很重要。如果不了解情况，就找不到要改进的地方。之后，父母和孩子一起考虑改进方法也很重要。但是，持续地指责孩子说"你总是这样"，是毫无意义的。

● 指出缺点并进行鼓励能够激发孩子的个性

假设您对孩子气冲冲地说"你又说想做点新的事情,为什么你无法坚持下去呢?因为你真的容易厌倦",这就是指出孩子的缺点。我想无论父母们多么注意,都很容易脱口说出这样的话。糟糕了!生气了!不妙啊!如果您察觉到这些情绪,请您立刻转换为夸奖孩子优点的说法。

"不过,这样的话,可以不断地发现新事物,我觉得对各种事情都抱有兴趣是一个优点哦。"

如果您这样说,孩子不仅能接受您指出的缺点,也能慢慢地认可自己。

指出孩子的缺点后,不要忘记跟进鼓励。仅仅给予一些鼓励,结果就会大不相同。

指出缺点并进行鼓励也是一种能让对方发展个性的方式。

我觉得电视节目的人气主持人非常擅长这种交流方式。因为他们先通过不拘小节地指出演员的缺点,之后再进行鼓励,来挖掘出对方的个性和优点。而演员因为已经被打击过一次,所以就不会再有所保留,反而更容易自由发挥出优势。在这种状态下,主持人再说"您果然很厉害啊""真是一位出色的人"来把演员捧起来，此时演员的优点就能体现出来。

发现并夸奖对方的优点当然是很好的做法，有时充满爱意的批评也会产生积极正面的影响，尤其是当父母和教育者有必要指出孩子的缺点时。

在家中，说完"又出现了这个缺点"这样批评的话语后，试着考虑一下再通过跟进鼓励的方式来让对方发展个性吧！

● 培养孩子发展正面的兴趣

孩子拥有强烈的好奇心，对各种各样的事物都充满兴趣。孩子对哪类东西特别感兴趣取决于他的个性。对采集昆虫感兴趣的孩子本就少见，有的孩子对寻找珍稀昆虫感兴趣，有的孩子对收集昆虫感兴趣，还有的孩子对昆虫知识感兴趣。

父母要细心地观察孩子并培养孩子的兴趣。如果孩子能够追求自己的兴趣，那么他的个性与才能便能得到发展。

相反，如果压抑孩子的兴趣，则会产生问题。一个心理学上的概念叫作"感知与思维"。所谓的感知是"刺激"，而思维则是"不断追求"的意思。每个人本身都具备"感知与思维",正是因为具备这些,我们才能挑战新事物,丰富自己的人生。但是,倘若使它们朝着不好的方向发展,那就糟糕了。

在本书前面的案例中提到的光弥,就是因为"感知与思维"而反复盗窃。他为了追求刺激而偷窃,觉得偷窃十分有意思。虽然很多大人实施偷窃是为了金钱,但是大部分孩子并不是为了金钱而盗窃。他们在心理上追求什么,就会具体地偷窃什么。也有很多孩子像光弥那样,为了追求刺激,抱着玩游戏的心态而偷窃。

实际上,很多发生在书店的盗窃案中,罪犯们明明根本不会阅读那些书籍,却和同伴们比赛偷窃书籍。最初他们想"只偷一次""只要立刻还回去就好了",但是在获得了一次刺激的体验后,他们就想追求更强烈的刺激,最终变得无法控制自己。渐渐地,他们做的事情越来越大胆,直到被逮捕才停止自己的行为。

我曾经看过很多次这种犯罪现场的监控录像,看到罪犯们将许多偷来的东西放进大大的袋子里,也看到过他们拖着沉重的袋子,我还是忍不住吐槽说"这样肯定会被发现吧"。我感觉他们就像演小品一样。因为罪犯本人追求在等待关键偷窃时机的过程中的刺激，所以慢慢地变得越来越大胆了。

光弥最初只是自己悄悄地偷窃一两本书籍。但很快他就想要寻求更强烈的刺激，于是叫上伙伴。他们两三个人一起，像玩游戏似的，规定"偷得多的人获胜"。他们觉得这样做非常有趣。

当光弥为了追求更强烈的刺激，寻找新的团伙成员时，发现了愁眉苦脸的小渡。虽然小渡从来没想过偷东西，但在短时间内成了一名小偷小摸惯犯。

为什么孩子的"感知与思维"会朝着不良的方向发展呢？

用失足青少年们的话来说，就是"日常的生活太无聊了"。其心理背景是，他们无法自由自在地追求自己的兴趣，他们的个性被压抑了。

如果父母能够认可并且支持孩子的"感知与思维"，就不会使孩子朝着不良的方向发展。因为这样的话，孩子们就能够通过热衷于日常的玩耍和社团活动、技艺学习、知识学习而满足自己的"感知与思维"了。

重要的是，不要否定孩子的兴趣。从父母的角度来说，可能想说"追求那个不是毫无意义吗""还是多做点这个不是更有用吗"。如果父母能巧妙地引导孩子说出"这个看上去也很有意思""我很喜欢它啊",也未尝不可。但是,绝对不能强迫孩子。

因为孩子是一种总是追求新鲜刺激的生物。我希望父母能够支持孩子"这个看上去很有意思,我想试着做一下""想知道更多"的心理。因为追求感兴趣的事物能够促进孩子个性的发展。

CHAPTER
02

"快点做"
会破坏孩子的预测能力

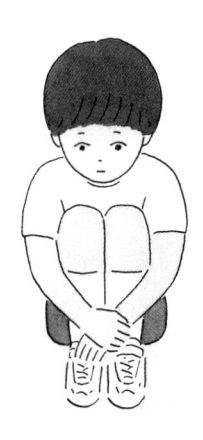

如果父母没有帮助孩子培养出事前预测能力，
他们往往会采取临时的权宜之计，
形成不考虑后果只顾眼前的思考方式。

由佳的案例

罪状 挪用公款

将工作单位约 300 万日元汇入自己的银行账户

由佳的父亲自 38 岁创业以来，和妻子一起经营着一家鲜鱼店。当由佳到了小学高年级的时候，在店里帮忙就成了习以为常的事。她没有参加任何团体和社团活动，每天从学校回来后都要站在店门口帮忙。特别是晚餐前的那段时间，店里格外忙碌，如果没有由佳帮忙的话，根本忙不过来。

"由佳，接下来做这个，快点。"

虽然父亲对待客人们和蔼可亲，但是对由佳却很严厉，父亲总是急躁地支使由佳"快点做""接下来做这个"。有时候当父亲不满意时，他还会动手打由佳，而母亲为了避免触及父亲的怒火，常常对此视而不见。由佳虽然痛恨不帮助自己的母亲，但是她却对此无能为力。

在这样的生活状态下成长，由佳总认为如何解决眼前的状况才是最重要的事。

高中毕业后，由佳没有选择上当地的大学，而是选择去东京的一所大学就读。这并不是因为她有自己特别想学习的东西,而是为了逃离父母。虽然父母会补贴学费,但是生活费需要靠由佳自己挣,所以她兼职去打工赚钱。不过,能够离开父母让由佳感到特别开心和幸福。

在大学里,由佳并没有什么目标,经常上课迟到,但是她心里觉得只要能熬过这段时期就可以了。

在几份兼职工作中,由佳中意的是某家公司的会计工作。因为她认为做这份工作不会被别人催促,可以按照自己的节奏进行,而且即便犯错的话,自己也可以掩饰过去。此外,虽然她只是去打工,但能做数目可观的出纳工作,这让她觉得很有趣,也感到很高兴。

大三的时候,由佳交了同一所大学的初恋男友,没过多久他们就同居了。男友考上了研究生院,他的目标是成为一名研究者,然而当他结束博士课程的学习后,却一直没找到工作。由佳大学毕业后,进入一家食品公司上班,支撑自己与男友的生活。最初她被分配到销售部门,但是不擅长预测未来就采取行动的由佳无法提高业绩,于是她提出希望调到事务性部门工作。

在入职的第三年，由佳得偿所愿，从事会计的工作。因为之前有过打工的经验，所以由佳上手很快，渐渐地被委以重任。

"由佳，对不起。我已经没办法了，我欠钱了……"

同居的男友泪流满面地向由佳坦白了。原来男友因为找不到工作而感到压力很大，于是沉迷上了赌博，欠下了一笔高额欠款，据说已经到了不得不去借非法高利贷的地步。

由佳安慰男朋友说："我会想办法的。"但是，其实由佳并没有什么办法，于是她想到了挪用公司的公款。负责会计工作的由佳，一边在心里为自己开脱"以后再还回来""只是暂时地借用一下"，一边篡改公司的账簿。她一次又一次进行着大胆而拙劣的犯罪行为，每次都只向自己的银行账户中汇入少量金额的钱。

在由佳挪用公款的第三年，公司通过会计监察发现了她的犯罪行为。

"应该不会这么快被发现的呀……"

由佳无力地垂下了肩膀。

● 缺乏事前预测能力，导致做出不理性的行为

从儿时起，由佳就没有关于未来的梦想和目标，只考虑眼前的事情该怎么办，而且她也没有自己特别想做的事情。不过，因为由佳认真又灵巧，所以只要她投入到眼前的工作中就能取得相应的成果。于是，由佳就抱着不管怎样"只要现在过得好就可以了"的想法生活着。

由佳周围的人也看不出来她有什么明显的问题，而且公司的领导也觉得"她领悟得快，工作又认真，所以对她很放心"。

正是在由佳获得了公司的信任，业务范围也逐渐扩大的时候，她挪用了公司大约300万日元。但是，她并没有做什么特别的手脚，只是直接把钱汇到自己的账户中。这实在是非常低劣的犯罪行为。她也许明白，只要挪用公司的钱，迟早会被发现并被逮捕的。虽然由佳是为了偿还男友欠下的债，但我还是想说"总会有其他合法的办法吧"。

由佳为什么会做出这样的犯罪行为呢？

当我与失足青少年进行面谈时，遇到过很多"我做了这样的事情，应该很快就会被逮捕"的情况。然而这些青少年们的共同之处在于缺乏"事前预测能力"。换言之，他

们被"只要那时候快乐就够了""只要那时候能够从痛苦中解脱就够了"这样过于短视的思维所支配。

事前预测能力是在违法、犯罪心理学中经常被使用到的词汇，也就是所谓的"预测未来的能力"。在青少年违法的情况下，孩子们缺乏理解当下自己所处状况、判断现实的能力，但是他们更缺乏的是事前预测能力。

我们通常会一边预测未来的情况，一边采取行动，考虑现在的行为会对未来造成怎样的结果，然后来决定行动的方向。例如，我们现在乘坐电车是为了到达某个目的地，即"一个小时后到达哪里"，而不是单纯为了乘坐电车才采取行动。

让我们把时间轴拉长一点再思考这个问题。我们现在乘坐电车是为了去上大学，而上大学是为了毕业后能够成为一名老师。像这样，我们会思考现在的行动与未来的关联。如果现在不坐电车，会怎么样呢？如果赶不上今天的课，又会变成什么样子呢？如果拥有对未来的事前预测能力，便会明白这些后果。

但是，在一些案件中，罪犯不会考虑从现在到未来之间的联系，他们短视、武断地便采取了行动。由佳便是如此。

当然，由佳非常清楚自己做的事情就是犯罪，她也知道如果自己被发现的话，后果将不堪设想。但是，她的父母并没有培养她事前预测的能力，她极端地优先考虑"现在"已然成为一个问题。由佳认为"只要现在好就够了"，于是采取了行动。

● 为什么不能对孩子说"快点做"？

"快点做！"

"赶快收拾好！"

"适可而止吧，快点准备好！"

很多父母都会对孩子说出上述这种催促的话语，但是年龄较小的孩子尚不具备事前预测能力，所以为何要催促他们呢？

事前预测能力不是与生俱来的，而是孩子们在成长过程中逐渐掌握的能力。父母能够理解"再不快点，就要上学迟到了""赶不上约定的时间了"等情况下催促的必要性，但是这些对于孩子们而言，却很难理解。

因此，父母要告诉孩子必须快点做的理由，来让孩子进行思考，例如告诉孩子"从家走到学校要花 15 分钟，如果 8 点不出发的话,就赶不上学校的早会了""为了 8 点出家门,该怎么办呢"。

像这样告诉孩子,就是培养事前预测能力的训练。

由佳就是在父亲"快点做"的唠叨中长大的。可以说,她的父亲从没有告诉她快点做的理由,这是非常糟糕的做法。如果父母只是说"立刻做""快点做",孩子的内心是没有紧迫感的。如果父母对孩子说"请快点做",尽管孩子在当时会想办法快点做,但是仍然处于自己无法做出判断的状态。如果父母没有帮助孩子培养出事前预测能力,他们往往会采取临时的权宜之计,形成不考虑后果只顾眼前的思考方式。

"从 16 点左右开始,顾客会越来越多,店里将变得忙碌起来,所以我想让你在此之前做完这些。"

"如果数量不够的话,那就麻烦了,所以我想提前订货。有时候从订货到送达要花上 2～3 天。"

由佳的父亲应该像这样,说明自己为何希望由佳快点做。如果因为忙碌没有时间耐心解释的话,之后也应该告诉由佳理由,让她自己进行思考。如果让由佳理解事情的紧急性,那么她自己就会抓紧时间快点干活吧。

为了让孩子自己进行思考,我认为可以询问孩子一些问题，比如"什么时候开始做？""现在是该做什么事情的时间？"等问题。

父母需要足够的耐心，因为为了培养孩子事前预测的能力，询问一两句话让孩子进行思考是很重要的。

少年院的老师们，经常会对孩子们说些让他们进行思考的话。"之前就说过了吧，快点做啊"等等话语，老师们是不会说的。老师们会一边反复询问孩子"你觉得为什么现在必须做这件事呢"，一边推进工作。特别是对于缺乏事前预测能力的青少年们来说，如果他们不能很好地适应社会，那么对他们说"快点做"，然后命令他们去做事，这样其实是毫无意义的。

● 帮助孩子养成逆向思考的习惯

为了培养事前预测能力，可以在日常生活中进行逆向思考。虽然大人们会自然而然地这样进行思考，但是由于孩子只专注于现在，所以他还没习惯从将来的目标开始逆向思考。

例如，我们对完成暑假作业这件事进行逆向思考。

"什么时候完成暑假作业？

"暑假放到8月31日,所以要在30日前完成所有作业!

"那么,考虑一下按照什么样的速度来写作业呢?

"计算练习和汉字练习,每天做其中一项就可以了……或许麻烦的是自由研究!首先得决定好研究什么,而且为了在8月份就能完成研究,需要先做好准备,因为进行整理也是需要时间的。"

如果有去旅行的计划,你也可以让孩子思考计划。你可以一边向孩子提供信息,一边询问孩子"几点出发比较好呢"。

其他简单的事情也可以询问孩子,比如让孩子思考上学前的准备工作。在日常生活中,通过训练孩子从目标开始倒推,思考当前的行动,就能够自然而然地培养出孩子的事前预测能力。

● 有能力,却不知道该做什么的人

这类人首先要做的是通过短期预测和逆向思考来制订计划,然后再慢慢地拉长时间轴,思考关于未来的规划。当然也要考虑一下自己的升学和就业,思考自己为了这个目标应该怎么做。

即使能够预测短期情况，倘若不能制订中长期计划的话，日后也肯定会遇到麻烦。

"明明在监狱里表现得很优秀，为什么连这样的事情都不知道呢"，或许类似的情况让人觉得难以理解，但是这其实与缺乏事前预测能力有很大的关系。因为这些罪犯虽然具备完成某些工作的能力，但是他们却无法做出关于未来的中长期规划。所以他们一旦走出监狱后，就不知道自己该做什么了。

在监狱中，服刑人员被要求参加劳动改造。劳改内容之一是"生产作业"，即承担社会上某些工作的劳务分包作业，例如制造家具、机器零件等。

另一种是打扫监狱卫生、做饭、担任事务性工作的辅助人员等"自营作业"。这一类是服刑者中的优秀人员所从事的工作。只有具备一定的自我判断能力，能力强且值得信赖的服刑人员才能被委派此类工作，而且从事这类作业的犯人作为模范囚犯被假释出狱的可能性也更高。

对自己的罪行有忏悔之心，并且拥有改过自新的意愿是从事"自营作业"的条件，而能够切实完成"自营作业"的罪犯会被判断为有可能回归社会的人，因此他们能够早点走出监狱。但是，也有很多获得假释后再次回到监狱的例子。

任何人都清楚，如果在假释期间犯下新的罪行，马上就会被发现，然后被送回监狱。而好不容易获得的假释也会被取消，最终只能在监狱中度过余生。

虽然这只是一种极端的例子，但是我认为其实有很多人"明明能力很强，但不知道自己该做些什么"。

● 在考虑未来之前，先让孩子思考现在的处境

你将来想做什么，想成为什么样的人？

大人们经常会问孩子这些问题。当然，让孩子思考未来本身是一件好事。

不过，在孩子尚未具备充分的事前预测能力的情况下，即使询问孩子，他们也不知道该怎样去思考。

当然，如果孩子在小时候天真地表示"想成为奥特曼""想成为美少女"，这是没问题的。因为这时孩子不会将未来和现在联系起来进行思考，他们不太能区别愿望和现实之间的差异。这是很正常的现象。但是，当"将来"临近，到了不得不对它进行具体的思考时，如果孩子仍然

表示"想成为奥特曼",这恐怕就会让父母感到很困扰了。

像"想成为亿万富翁""想成为名人"等目标,如果看不到它们和现在生活的关联,就很难采取具体的行动。无论怀有什么样的梦想都可以,能否朝着目标采取行动才是关键。

对于进入少年院的孩子们来说,考虑出去后怎么办,将来怎么办,也是一件非常重要的事情。但是,由于很多孩子不具备事前预测能力,所以当突然谈起未来的事情时,他们无法对之进行思考。在少年院里,老师们会让孩子们从理解现在的境况开始思考。只有孩子们明白现在所处的境况,才会思考如何迈进与现在相联系的另一个阶段。

"内观疗法"是一种心理疗法,也是改过自新计划中一个常见的环节。"内观"是指对自己的深思,它不同于"反省"是针对消极事态追究原因,它是对自己进行真实思考和感情的审视。它使得我们拥有审视自己的机会,能够让我们客观地看待现在的状况。

在此,我先说明一下内观疗法的实施方法。我曾在大学课堂上也让学生们体验过这种疗法,实施这种疗法无须特别的准备,任何人都可以进行尝试。

首先,确定内观的主题,通常将"父亲""母亲"等与自己亲近的人物设定为主题。

其次,如果将"母亲"设定为主题,那么请思考三件关于母亲的基本事情:母亲为自己做的事、自己为母亲做的事、自己给母亲添麻烦的事。

在大学里,我把教室内的灯光调暗,让学生们面朝墙壁坐在地板上进行内观。内观者不需要将自己思考的事情写出来,也无须将它们告诉别人,只需要专注地审视自己内心涌现的想法和感情即可。仅仅通过这样做,就可以让内观者加深对自己的理解,更深刻地认识到自我与社会的关系。

一开始有些学生会面露不安,觉得"这样做真的能明白些什么吗",但是很快,他们就泪流满面。在内观结束时,他们的表情也与之前大不相同。当然,周围的人并不知道他们的内心意识到了什么,也不知道他们发生了怎样的感情变化。不过,在内观结束后,我试着询问学生们的感想时,他们表示"对自我有了更加深刻的认识""感觉到自己得到了很多人的支持和帮助"。

内观疗法原本是作为了解自己的自我观察法而被创立的。它的创立人是一位名叫吉本伊信的学者,他将净土真宗一派流传下来的名为"身体调查"的精神修养方法推广给了普通人。少年院和监狱从 20 世纪 50 年代开始采用该疗法，除此之外，该疗法也应用于医疗和教育界。

● 培养孩子预先设想困难、应对问题的能力

现在的情况与过去是具有某种联系的。过去发生过什么事，自己做过什么事，才变成如今这样的情况呢？客观地理解过去是思考未来的第一步。重要的是理解现在的自己，提高自己的事前预测能力，而不是回顾过去，敦促自己一味地进行反省。

我们会让少年院的青少年们认真思考离开这里之后该怎么办，出去后要过怎样的生活。

"我已经决定不再和偷窃团伙鬼混了。白天我要去某某地点打工，然后上定时制的高中去学习。"

假设少年院的孩子做出上述决定。这是一个很现实的目标，但是当离开少年院的日子临近时，孩子却说"害怕离开"。因为他们在少年院的时候，老师们会 24 小时陪在他们身边，但是离开后，老师就无法陪伴左右了。到了那时，做什么事情都需要自己进行判断，这么一想，他们就感觉很害怕。

事实上，有些人好不容易树立了切合实际的目标，并决定今后要好好努力，但是当他们回到家乡，再次见到以前的伙伴时就故态复萌了。当他们在便利店偶遇以前的伙伴时，当对方说"为了庆祝你出来，就今天去干一次吧""从明天开始就不叫你了"等等话语时，他们就"嗯嗯"答应了。这样一来，他们就瞬间变回原样了。

因此，预先设想困难并掌握应对方法是很重要的。他们需要的是预测能力和应对能力。

少年院会进行社交技能训练，简称SST。这是一种通过角色扮演等方式，练习可能会出现的社交活动。

例如，假设"在便利店里偶遇了以前的伙伴，并且被对方搭话"，扮演伙伴的人说"一起去唱卡拉OK"等等，我们会让孩子们亲口说出"对不起，今天有事不能去"等等，让他真正参与进来。

我也在课堂上让学生们做过这种练习。扮演伙伴角色的人不会轻易作罢，他会一直纠缠对方并发出邀请。那怎样才能摆脱他的纠缠呢？或许作为旁观者看到这些会觉得很有意思，但是对于被邀请者而言却需要使出浑身解数。因为被邀请者需要预测接下来对方会说什么话，同时思考自己应该如何应对。

通过提前进行这样的模拟练习，当在现实中遇到同样的情况时，孩子们就能够顺利地应对了。预知现在发生的事情今后将如何发展是非常重要的，这正是事前预测能力。

在朝着目标行动的过程中，也会遇到困难。只要事先想象一下会发生什么事情，以及在那种情况下如何应对，就会对自己有很大的帮助。

● 为什么自律很困难？

为了能够过上自律的生活，重要的是培养出孩子事前预测的能力。所谓的"自律"是指能够自我约束，简言之就是自己能决定自己的事情。理想的状态是自己思考生活的方向，并做出相应的决定。

与此相对，接受他人约束，遵从他人的命令做出决定叫作"他律"。例如被要求比上班时间提前5分钟到达公司，于是按要求提前到达就是他律。他律是因为别人这样要求，因为是这样的规定，所以自己才照做的。另一方面，因为自己觉得比上班时间提前5分钟到达、做做准备比较好，所以这种提前到达则是自律。自律是自己从将来的方向出发，做出合理的判断和决定。

自己决定自己的事情看似简单，实则是一个相当困难的问题。他律要比自律轻松得多，因为他律不需要自己做出判断，也无须自己承担责任。

我感觉在现代，比起自律，越来越多的年轻人更喜欢他律。有很多年轻人容易被环境所左右，比起自己做决定，更倾向于"因为大家都这样说，所以我也想这样做"。

造成这种现象的原因之一是在社交网络社会的生存困境。由于社交软件普遍存在，大家不知道自己的生活的某方面会被别人如何评判。如果做了稍微引人注目的事情，也许会被别人攻击吧。不，或许自己正被别人攻击着。大家很容易怀有这种不安的心理。

自己检索关于自己的事情，即"自我检索"现象流行的背后，也与这种不安的心理有关。

因此，我们可以理解为何年轻人很容易产生迎合周围人的想法、迎合团体潜规则的想法。但是，年轻人并不是在所有方面都依靠他律。在学生时代，还能勉强应对，但是进入社会后，就需要思考"我该做什么""我该怎么做"，这样一来自己就会觉得很为难，而且别人会说"自己去思考"，所以真的很辛苦。

我曾对暴力组织相关人员做过心理分析，他们几乎都是极端的他律者。简单来说，就是他们自己无法决定任何事情，只能听命于强者。只要听从于别人的命令，自己就能得到保护，并且对外也能表现得很强大。虽然他们乍一看很强大，但实际上却是很脆弱的人。

即使对他们说"走出监狱到社会上，试着像普通人那样去工作"，他们也会表示不知道自己应该做什么。因为他们不知道该如何应对日常生活中发生的一件件事情。虽然我很想说"他们明明那么强势"，但最终，他们还是无法过上自律的生活。

自己想怎样做？自己将来想要变成什么样子？重要的是自己进行思考，并做出决定。

● 要让孩子具备逻辑思考的能力

例如，像下面这样逻辑性的因果关系，我想你能很容易学会。

"如果今天请假的话，就没办法参加班级关于郊游的投票表决了。"

"因为明天要上学，所以要在今天完成作业。"

这是一种非常简单的逻辑关系，即自己做了 A，事情将会发展为B，如果自己不做A，将会发展为C。喜欢编程和玩游戏的孩子可能非常擅长理解这种逻辑。沿着时间轴，有逻辑地思考事物是非常重要的。但是，现实生活中发生的事情要远远比这复杂。时间轴拉得越长，就越是无法以单纯的因果关系来进行解释说明。

如果自己只思考"我做了A，事情将会发展为B"，那么当实际情况不同于预想时，将会难以应对。作为梦想和目标，我们可以思考"一定会发展为B"，但同时了解一下其他发展模式也是很重要的。

我已经说过，所谓的事前预测能力就是"预测能力"，预测未来的各种变化也是很重要的。

要想拥有能够预测出多种事态变化的预测能力，就要了解大量的案例。可以通过各种各样的体验以及读书来增加自己的案例储备。

面对很多罪犯和失足青少年时，我感觉他们的经历非常有限。他们生活于狭隘封闭的世界中，很少与周围的人接触，也很少接触不同的文化和有不同的体验。因此，他们自己进行思考时就存在局限性，无法预测出多种未来。

我一直反复地对他们说"去读书"，因为书是富含多种体验的宝库。能够直接体验到的事情，固然可以自己亲自去尝试，但是不能体验到的事物，却可以通过读书来间接体验。通过读书，你可以知道平常接触不到的人的想法，以及与你价值观不同的人的想法，还可以了解世界上各种各样的人和事。

无论是绘本、图鉴还是介绍基本知识的入门书，我认为什么类型的书都可以，只要是自己感兴趣的书就好。或许作为父母，会觉得某些书内容不错，想让孩子去阅读。但是首先得孩子自己觉得"这本书有意思"，然后想翻开看看。倘若喜欢上了读书，那么他的阅历就会越来越丰富。

在当今时代，比起书籍，或许网络、视频才是获取信息的主流渠道。但是，从给予孩子良好体验的意义上来说，我认为没有比书更好的了。当然，视频中也有一些不错的内容，但是由于质量良莠不齐，孩子自己很难进行甄别，所以如果父母对此放任不管的话，孩子只会被动地观看具有强烈刺激和质量较差的内容。父母需要对此多加注意。

● 天才提高预测能力的方法

我在大学里任教，同时也有很多参加电视节目的机会。在预测能力方面，我感觉电视台综艺节目的主持人十分厉害。综艺节目的制作方法有很多种，其中一种类型是不会事先与嘉宾沟通，而是在录制现场直接沟通，让节目朝着意想不到的方向发展，从而使节目变得有趣。

虽然主持人是接着同台演出人员的话、朗读流程来推进节目的，但是有好几次，我都惊讶地感叹，"原来刚才主持人的话是和这里联系在一起的呀"。后来我才明白，原来那些主持人不是提前预测了一步、两步，而是预测到了更远的发展。

曾经有一位主持人对我说"一起去书店吧"，于是我就和他一起去了。他并不是以才智著称的主持人，而且他没有给人一种经常读书的印象。

但是实际上，他是一个非常爱读书的人。在书店里，他指着摆放着的书说"从这里到这里的全部"，便买下了这些书籍。然后，他开始依次阅读。他的包里常常会携带十多本书，因为他想通过读书来增加自己的体验，从而进一步锻炼自己的预测能力。在预测能力中，能够预测出很多可能性。所以无论什么话题，他都能够从容应对，能把点和点连接成线。

不过这似乎是一个秘密，他并没有对任何人提过，也没有让大家看见他努力的样子。所以后来，当他告诉我

"那本书很有趣""这本书让我学到了很多东西"时,让我感到非常惊讶。

说起预测能力,或许您觉得难以捉摸,也不知道如何提高,其实可以通过各种各样的体验和读书来进行。

CHAPTER
03

"加油"
会破坏孩子的积极性

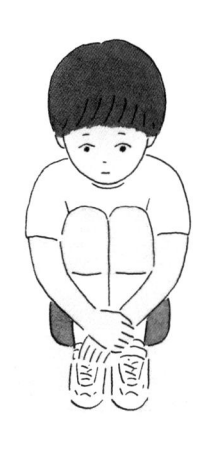

不要对孩子说"加油",
而要说"你一直在努力""你很努力啊"这些表示认可的话语,
这样才能让孩子感受到支持,
从而提高孩子的积极性。

直人的案例

罪状 **违犯大麻取缔法**

在旅馆多次吸食大麻

　　从直人5岁时起,他的父母就经常吵架。直人的父亲是汽车公司的销售代表,由于他的销售业绩不高,薪资很少,直人的母亲经常埋怨他。但是对直人而言,父亲是个很温柔的人,即便直人只是达成了很小的目标,父亲也会奖励他零花钱。

　　但是在直人的母亲看来,直人父亲能力低下,不会有出头之日。因此,母亲总是对直人说"千万不能像你爸爸那样"。后来,父亲就不再回家,和别的女人生活在一起。在直人10岁的时候,父母离婚了。

　　从那以后,直人的情绪常常很低落。不论学习还是玩耍,他都不能集中精神,成绩也不好。虽然直人觉得自己必须努力,但他拿不出任何成果,他觉得自己很没用。

　　"这样下去,你会变得像你爸爸一样。要是变成那样,就完蛋了。"母亲这样对直人说,并且反复告诉他"加油,要努力学习"。

上小学六年级时，直人的班主任很关心他，亲切地对他说："一点一点地努力就可以啦。你努力提高成绩的话，如果家人知道了，也会理解你的。"

于是直人开始在上课前预习功课，慢慢地努力着。老师表扬了他，他感到非常高兴。而且，他努力的结果也体现在成绩表上，之前无论如何语文只能考到"2"，现在则能考到"3"了。

"只要努力就能进步，或许就会得到一些表扬。"直人这样想着，就告诉了母亲。然而，母亲却说："不要因为得了3就高兴！如果小学的时候不学好语文，到了初中就会很痛苦了。"

事实上，母亲的内心是高兴的，但是她想让直人更加努力，所以才对直人如此严厉。可是直人却打心底里觉得失望，他觉得自己即使努力了也得不到母亲的表扬，因此他就不再努力了。

后来，虽然直人高中毕业了，但他对什么事都不积极。他按照老师的建议，去了机械制造厂上班，但是只干了3个月就辞职了，此后每天都闷在家里玩游戏。

母亲一味地斥责直人，说"不是以前告诉你要好好学习吗""你变成了没用的废物"之类的话。虽然直人内心也有危机感，觉得"这样下去不行"，但是他开始将一切归咎于父亲，认为"都怪爸爸，如果爸爸不离开这个家的话，我也不会变成这样"。

就在这时，直人在便利店遇到了中学时期的游戏伙伴——小武。在工作日的白天，小武会穿着邋遢地来到便利店，他也没有工作，每天打游戏度日。两个人意气相投，小武邀请直人到自己的公寓玩，宣称"有能让心情放松的东西"。他说的东西就是大麻。

小武称："大麻在国外很常见，也没有副作用。"很快，直人就成了大麻的俘虏。每次吸食大麻的时候，直人都觉得自己被幸福感包围了，觉得以前一直苦恼不堪的自己很愚蠢。慢慢地，他开始主动与卖大麻的人接触，吸食大麻。

● 父母看似鼓励的话，孩子可能会有截然相反的理解

母亲反复地对直人说"加油"。"加油"一般是支持的意思，但是从母亲的话语里，直人并没有感到"被支持"，甚至将它理解为否定的含义。特别是直人经常听到关于父亲的坏话，觉得自己在母亲眼里和父亲是一样的，所以"加油"在他听来是否定自己。他认为，母亲的意思是"不加油的你太没用了""必须拿出更多的干劲儿"。

尽管"加油"之类的话本身是积极的，但是受害感和疏离感较强的孩子会将它们视为否定性的语言。这种现象在违法青少年中非常常见。当一个人性格乖僻，对社会抱有偏见时，即使是表示鼓励和支持的话语，在他们听来也会变成"瞧不起人的话"。

为什么孩子会有强烈的受害感和疏离感呢？这是因为父母和孩子之间的日常交流出现了问题。在直人的案例中，姑且不论父亲的情况，如果母亲能够传达出"我很在乎你"的意思，那么直人应该会对"加油"有不同的理解。

或许有人认为，像直人这样的失足青少年的父母，他们没有说过什么粗鲁的话，甚至说了很多鼓励的话。但是，重要的是孩子是怎么理解的。使用什么样的语言固然重要，

但是否考虑到孩子如何理解这些话语也是很重要的。

例如，父母在对孩子说教时，说出来的可能是无可指责的正确言论，也可能使用了非常礼貌的语言，但是在很多情况下，尽管父母觉得自己"说了为孩子好的话"，孩子却觉得"一点都不明白父母说了什么"。

倘若您去看看在少年鉴别所中面谈时的情景，就能切实地理解我上面说的内容了。"虽然父母说了为孩子好的话，但是孩子却觉得父母说的完全不可信"。

这类父母表示："明明我一直支持孩子，对孩子说加油，可是我家的孩子完全没有回应。"这是因为孩子并没有将父母的话视为支持。即使是同样一句话，孩子也会产生不同的理解，甚至有180度截然不同的理解方式。请您务必注意这一点。

● "加油"有时候并不能激发孩子的积极性

"加油"一词有时被用作表示"要有积极性"的含义。直人从小就对学习和玩耍没有什么积极性，这并不是父母说"要有积极性"就能改变的事情。"拿出干劲儿"这句话也是同样的道理。

积极性即干劲儿，来源于自己的内心，并不是通过他人培养而产生的。但是，父母可以从外部促进孩子积极性的发展。这在心理学上叫作"动机形成"。

如果能够很好地形成动机，直人也会在很多事情上更加努力。小学的班主任老师表扬了直人的努力，促进了他对学习的热情。但是，直人的母亲非但没有表扬他，反而批评了他。母亲明明内心松了一口气，却对直人说"不要满足于此""还得加油"。

这样一来，直人好不容易萌生的干劲儿也被消磨掉了。其实，当时是一个很好的机会。直人想试着加油，努力学习，并且付出了实际行动，母亲应该表扬他。即使最后的结果不理想，通过对努力的过程加以表扬也能提高孩子的积极性。不要对孩子说"加油"，而要说"你一直在努力""你很努力啊"这些表示认可的话语，这样才能让孩子感受到支持，从而提高孩子的积极性。

连努力都被否定的直人，最终放弃了努力。从那以后，直人一边宅在家里闭门不出，一边内心焦虑，他丧失了自己解决问题的积极性。然后，在朋友的邀请下，直人逃离到吸食大麻的世界中。

这完全是在逃避现实。通过吸食大麻，可以暂时从现实世界逃离，忘却一些事情，并且很快就对它上瘾了。这样一来，就越来越没有面对现实、解决问题的积极性了。

● "努力了也没用"——什么是习得性无助？

无论自己做什么，反正情况都不会发生改变。努力了也没用……虽然一开始并不是没有干劲儿，但是经历了多次行动都没有结果的情况后，人就失去了干劲儿，无法再积极地行动起来。这种状态被称为"习得性无助"，它是由心理学家马丁·塞利格曼于1967年提出的概念。

塞利格曼做了如下实验：他起初把狗关在笼子里，只要蜂音器一响，就给狗施加电击。狗关在笼子里逃避不了电击。多次实验后，只要打开蜂音器，在电击前，把笼门打开，此时狗不但不逃，而且不等电击开始，就倒地呻吟和发抖。狗原本可以主动逃避，却选择等待痛苦的到来，这就是习得性无助。

也就是说，意识到无论做什么都无法停止电击的狗，即便处于可以逃跑的环境中，也不会采取行动，因为它们觉得"无论做什么都没用"。

一旦人陷入习得性无助中，就很难产生"下一次可能会成功""试试别的方法"的想法。即使面对只要做了就能成功的事情,他们也会因为缺乏信心而不采取行动。

从表面上看,这与本书第1章中所讲的"监狱化"引起的现象相似,但实则二者是不同的。在"监狱化"的过程中,犯人大多会被禁止做某事,然后在遵从命令的过程中,渐渐变得无法自己做出判断和行动。

另一方面,习得性无助只会发生在自由的环境中。因为行动后却毫无结果的情况反复发生,所以最终放弃了。我认为,习得性无助的情况在现实社会中出现得更多。

为了不让孩子陷入习得性无助,需要对他们行动的过程进行夸奖。不论结果如何,只要孩子有"想试着做"的想法,哪怕只付出了一点点行动,都要予以表扬。

例如,看到孩子为了考试而努力学习时,可以对孩子说"很努力啊"。没有必要想得太复杂。只要觉得"孩子正在付出行动",就直接说出来,让孩子知道,你在关注他的行动就可以了。如果你关注孩子的行动过程并给予表扬,即使最终的结果不理想,孩子也会以积极的心态思考"下次更加努力""下次要试着改变做事的方法"。

当然,对好的结果给予表扬也很重要。但是,只关注结果是不利于孩子成长的,因为有很多事情,即使我们努力了也无法取得好的结果。为了培养出即使努力了没有成果也愿意再次挑战的孩子，父母要养成关注孩子努力的过程并给予肯定的习惯。

● 孩子表现出没有干劲儿，可能是源于对父母不信任

有时候，虽然孩子觉得自己很努力，但是看上去却没什么干劲儿。在失足少年中，有很多"看上去没有干劲儿"的孩子。有些孩子觉得让别人看到自己努力的样子很不好意思，所以故意表现得没有干劲儿。他们之所以这样，是因为对大人抱有不信任感。

如果对这样的孩子说"拿出干劲儿来""加油"，只会适得其反。他们可能会觉得"烦死了"，从而进行反抗并停止努力。

即使是看起来没有干劲儿的孩子，也会有付出努力的时候。重要的是，父母要善于发现孩子这样的时刻，然后立刻给予肯定，比如对孩子说"你很努力呀"。

对于那种态度冷淡，觉得"没有干劲儿，任何努力都是徒劳"的失足少年，只要看到他付出了微小的努力，就立即表扬他。在表扬的过程中，这样的孩子会变得健谈起

来，愿意和人交流。他们从内心无助的状态又恢复了原本的率真状态。

想让性格乖僻的大人恢复正常应该很难，但是让孩子变回正常却没有这么难。因为在少年鉴别所中，连性格最乖僻的失足少年都能恢复原本纯真的状态。父母和周围的人不能因为孩子看上去没有干劲儿或叛逆就马上放弃他们。

● 孩子无法努力的原因是什么？

母亲一直对直人说"要加油"，这让直人很焦虑，觉得"我必须加油"。

但是，到底应该怎么做、怎么努力呢？作为孩子，只是茫然地被要求要努力，其实并不知道该怎么办才好。如果你对孩子说"要加油"，那么也需要告诉孩子具体应该做什么、怎么做。这样一来，只要孩子觉得"那件事似乎可以做到"，就可以向前迈出一步。这在心理学上被称为"小步子原理"。这种方法不是直奔大目标，而是将目标细化，慢慢体会成就感。

如果孩子看起来没有干劲儿，或者已经放弃努力了，我认为可以和孩子一起寻找"无法努力的原因"。例如，假设有一个孩子迟迟不开始写学校的作业,不是乱写乱画,就是喝饮料,一直拖拖拉拉的。孩子看上去没什么干劲儿,好不容易动笔了,也只会"嗯"了一声后抱头苦思冥想。

"加油哇",即使父母这样对孩子说,孩子也努力不起来。那么,孩子一定有努力不起来的理由。比如,孩子不做两位数乘法算数练习,或许是因为被"进位"难住了。孩子并没有意识到这一点,认为是题目"太难了,不理解",所以自己才解不了。如果是这样,父母可以建议孩子"先复习一下加法运算"。孩子知道了具体要做的事情,应该就能努力行动起来了。

当然,或许孩子有可能只是单纯地困了,或者饿了,也有可能是因为有其他烦恼而无法集中精力。如果不先解决无法努力的原因,那么孩子是无法努力行动的。父母要一边观察孩子,一边问他"为什么不想做呀""什么时候想努力呢"等等,找出孩子无法努力的原因并加以解决。

● 孩子为什么不能实现自我价值?

让我们从其他的角度来观察孩子不努力的原因。

根据心理学家亚伯拉罕·马斯洛的理论,人类的需求由五个层次的金字塔构成。从金字塔的底部开始，依次是"生理需求""安全需求""社交需求""尊重需求""自我实现需求"，其要点是，只有下层的需求得到了满足，才会产生高一级层次的需求。也就是说，如果吃饭、睡觉等"生理需求"得不到满足，就不会产生"想在安全的地方生活（安全需求）"的想法。关于各项需求的解释如下：

马斯洛需求层次理论

（金字塔图：自上而下依次为 自我实现需求、尊重需求、社交需求、安全需求、生理需求）

生理需求

吃饭、睡眠、排泄等为了生存所需的原始性的、本能性的基本需求。

安全需求

回避危险，在安全放心的环境中生活的需求。

社交需求

想要归属于集体或者寻求同伴的需求，也叫作归属与爱的需求。

尊重需求

希望在所属集团中获得高度评价、希望能力得到认可的需求。

自我实现需求

想要达成只有自己才能实现的目标，想要发挥自己的个性与可能性的需求。

父母往往只和孩子谈论最上层的"自我实现需求"，比如："希望你能最大限度地发挥才能，能够有所成就。""希望你能找到自己真正想做的事情，完成目标。"

当然，我们最终的目标是实现自我价值，但是在自我价值实现之前，我希望父母们先思考下层的需求是什么。

当父母告诉孩子"要找到梦想并且努力实现"时，或许孩子的"尊重需求"尚未被满足。如果孩子处于"想要被认可"的不满状态中，是根本谈不上自我实现的。

当父母告诉孩子"要努力获得周围人的好评"时，或许孩子的"社交需求"尚未被满足。如果孩子感到孤独，认为"要是自己也能加入关系好的团体就好了"，那么他应该不会产生"要努力获得认可"的想法。

所以，父母突然对孩子说"要努力实现自我"，也不会起到什么作用。

● 奖励起了反作用？

读到这里，或许有人会说："虽然我知道不能强迫孩子努力，但是对于考试之类的事情，不要求孩子努力也不行啊。"

当然，父母会有无论如何都先让孩子努力的时候，我对此十分理解。例如，那种只有一次机会的重要考试。那么，该如何赋予孩子努力的动机呢？

动机包括两种类型：一种是"外部动机"，就是给予表扬或奖励，以使之采取下一步行动的激励方法。根据业绩来增加工资的薪酬体系正是利用了外部动机。另一种是"内部动机"。这种动机是随着任务的完成而产生的，孩子内心的充实感会促进下一个课题的完成。虽然这两种方法都能起到激励的效果，但是如果时间不同、场合不同、组合方式不同，都可能会产生反作用。

我想有些父母在想让孩子努力的时候，会通过给孩子奖励来作为一种外部动机。比如，"考试及格的话，就让你玩喜欢的游戏""努力完成今天的功课的话，就给你买冰激凌"，几乎所有人都有过这些想法吧。

在此，我希望大家注意的是"削弱效应"。所谓的"削弱效应"，是指原本由内部动机驱动的行为，在给予外部动机的刺激后，内部动机降低的现象。如果在孩子想做、想努力的时候，对他说"做到了就给你奖励哦"，那么他行为的目的就由"价值"变成了"奖励（报酬）"。这样一来，如果下次没有奖励，他就不做了。

例如，当孩子主动"想帮妈妈""想试着做家务"的时候，如果妈妈说"你帮忙了，那就给你零花钱吧"或者"每帮一回忙，就给你100日元，加油"，一旦给予孩子这样的外部动机，孩子就会变成为了得到100日元而帮忙。如果不给报酬，孩子就不想帮忙了，因为他的内部动机减少了。

给予金钱或者给孩子买想要的东西等物质奖励属于外部动机，这比较容易理解，其实，采取惩罚措施或者让孩子竞争，也属于外部动机。比如，"如果不完成作业，就不给你零食吃""你们每帮忙做一次家务，就在日历上贴一个贴纸，一个月后，贴纸多的人就能得到奖励"，这些例子都属于将外部动机当作行为的目的。

为了能够调动孩子的积极性，父母必须格外注意削弱效应。那么，给予孩子"表扬"会怎么样呢？

与包括金钱在内的物质奖励相比，心理方面的奖励更不容易产生削弱效应。但是，如果父母只针对结果进行表扬，仍带有目的性的话，也会产生削弱效应。

用帮忙的例子来说明，如果孩子将洗好的衣服迅速叠整齐就表扬他，而孩子叠得太慢或者叠得乱七八糟就不表扬他，这样一来，孩子就会因为想得到表扬而更加努力。虽然孩子会在做家务的能力上有所进步，但是他原本自发产生的"想学会做家务"的积极性可能就会减弱。这是因为孩子将被表扬当成了做家务的目的。而且，如果孩子把洗好的衣服叠得很好却得不到表扬的话，他下次可能就不想做了。

相反，如果对拥有积极性本身进行表扬的话，孩子的积极性就会提高。比如，父母可以说"你想要学会做家务，真厉害啊"，对做家务的过程给予表扬也是同样的道理。

"啊，你叠得很好哇""一边把褶皱拉平，一边叠，真厉害啊"，如果给予这样的表扬，孩子应该会越来越有干劲儿。

在孩子达成目标时给予他奖励，诀窍在于与心理奖励相结合。奖励对于孩子来说是件值得高兴的事情，但在很大程度上，他之所以高兴，是因为给予奖励的父母为自己感到高兴，并且称赞了自己。如果只是单纯地得到物质奖励的话，孩子的喜悦不会持久，也无法培养他的积极性。

因此，在夸奖孩子努力的过程并且给予奖励的时候，父母最好表达出自己也很高兴的心情。

● 恢复孩子的心理弹性

即使满怀热情地朝着目标努力，也不一定能够达成目标。让我们一起来看一下孩子达不到目标的失败情况吧。

例如，为了某项考试而努力，结果却不及格，于是产生"努力了也做不到，我很没用"的想法。我认为，孩子偶尔会有沮丧、提不起干劲儿的时候。

沮丧是不可避免的，提不起干劲儿也是正常的反应。但是如果心灵受到伤害，无论何时都不能复原的话，那就麻烦了。

作为克服困境和困难的力量而被关注的"心理弹性"，原本在心理学中，是用来表示个体面对逆境、创伤、惨案、威胁甚至是重大压力的良好的适应过程，也就是从困境中迅速恢复的能力。

在心理学领域，第二次世界大战期间从被纳粹屠杀的犹太人中幸存的孩子们普遍有较高的心理弹性。在集中营里，孩子们目睹了大量的死亡事件，心理处于极度的压力下。之后，通过追踪调查发现，这些孩子长大后，有的人无法摆脱过去的心理创伤，存在很多问题，有的人则克服了心理创伤，积极地面对人生。那些积极生活的人们身上有一个共同点，那就是拥有心理弹性，而且适应能力和恢复能力较强。

近年来，这种关于心理弹性的思考方式被应用于更广泛的领域，人们认为它是在变化剧烈、压力巨大的时代中生存的重要技能之一。

与其说心理弹性的厉害之处在于坚韧性，倒不如说在于柔韧性。它就像被强风吹拂却不会折断的竹子一样，即使弯曲后，仍能恢复原状。如果一个人心理弹性较高的话，即便有些失落也能尽快恢复，会想着"下次再努力"。

我希望大家不要误以为"不陷入失落的情绪中才是重

要的"。越是向着重要的目标迈进，失败时就越失落。如果以不失败作为目标也是不正确的。没有人能做到从不失败，如果对失败缺乏免疫力的话，就更容易内心受挫。

● 从对运动员的心理分析中了解保持心理弹性的诀窍

要想培养心理弹性，失败后感到沮丧、然后从中恢复过来，重复这一过程是很重要的。

我曾经参加过 NHK-BS1 的访谈类综艺节目《千鸟的体育立志传》，对作为嘉宾的运动员们进行了心理分析。每位运动员的心理弹性都很高，令我十分钦佩。哪怕处于参加大赛的压力、状态低迷、受伤等情况之下，他们也不会服输。即使遇到通常会让人的内心受到打击的情况，他们也不会放弃，而是继续前进。

为何运动员拥有如此高的心理弹性呢？那是因为他们比别人经历过更多的失败，体验过更多的危机。因为有过克服困难的经验，所以他们认为"自己也能克服新的危机"。我认为，他们拥有能够自己判断如何从失败中站起来的能力。

有一次，我给一位残奥会运动员进行心理分析时，他的母亲也在场。那位运动员很开朗，也很出色。他的母亲经常支持他做自己想做的事情，并且不会干涉，而是默默地守护他。

残奥会运动员的父母非常担心孩子受伤，但他们并不想成为让孩子不摔跤的拐杖，不让孩子做这个做那个，而是站在鼓励孩子的立场，说"加油"，鼓励他们"不断地去尝试"。不过，在孩子比赛的时候，这些父母一定会跟随左右，守护并支持孩子。

相信并守护孩子需要耐心。有时候，伸出手来帮助孩子反而会更轻松。

但是，只有经历并克服失败和困难，心理弹性才会得到提高，才会拥有不轻易屈服的柔韧心灵。我认为，不通过经历就来锻炼心理弹性是行不通的。

守护孩子最重要的是，在孩子失落的时候父母不要跟着一起失落。如果父母流露出太糟糕的情绪，孩子也不会产生向上成长的力量。虽然盲目地让孩子"加油"是不好的，但让他们感受到"一定会变好"的希望是非常重要的。

前面提到的那位残奥会运动员，据说曾经受了重伤，足以影响未来的人生。他的妈妈当然也受到了打击，但是她在孩子面前从不流泪，而是一直在帮助孩子寻找希望。

● **与其追究原因,不如对孩子说些重燃希望的话**

我认为在孩子情绪低落的时候,给他们带来希望才是父母的重要职责。

在让孩子重燃希望时,当然也有必要探究原因。但父母要知道的是,说"因为之前失败了或者做得不好,所以变成这样了"这类的话,并没有什么意义。孩子在情绪低落时,自己也会有意识地将注意力放在原因上,觉得这里不好,那里不好,因此闷闷不乐。如果大人也追究原因的话,孩子就很难从困境中振作起来。并且,如果父母说"因为这样才失败",那么孩子无法从中学习。重要的是让孩子自己进行思考。

所以,面对情绪低落的孩子,要告诉他"正因为有了失败,才能知道成功的方法""下次一定会好起来的"。

CHAPTER
04

"要说多少次你才明白"
会降低孩子的自我肯定感

提高自我肯定感，是让孩子走向成功的一个必要步骤，
通过认可孩子的努力和成长，
可以提高孩子的自我肯定感。

小瞳的案例

罪状 发生不正当行为

与不特定的多名男性发生性关系，共收取约 15 万日元

　　小瞳是一名九年级学生，即将参加中考。父母对她说："即使学费高也没关系，一定要去好学校。"她的父母都拥有高学历，认为只有学习好、工作好，将来才能获得幸福。

　　不过，他们知道对孩子提出过高的要求是不利于孩子成长的，因此没有直接对小瞳说"要那样做""要这样做"，而是从小瞳儿时起，通过夸奖其他优秀的孩子来给女儿指明目标。

　　"听说美莎在幼儿园画的画在比赛中得奖了。"

　　"听说小健还没上小学就可以流利地背诵九九乘法表了。"

　　特别是小瞳的母亲，她会故意大声地说这些话。母亲一直认为，只要培养好小瞳，她的弟弟和妹妹就会以小瞳为目标，因此在姐弟三人中，母亲对长女小瞳抱有极高的期望。但是年幼的小瞳并没有意识到，母亲的这些话是对自己的期

望,她只是单纯地觉得"美莎和小健都好厉害"。

小学三年级的一天,小瞳从学校回到家,坐在书桌前准备做作业。那是炎热的夏日,由于在学校上了游泳课,疲惫不堪的小瞳趴在书桌上睡着了。

"要说多少次你才明白!"母亲突如其来的斥责,让小瞳一下子清醒过来,但她完全不知道母亲在说什么。

"前几天,我和你说过你朋友小凯的事情吧。小凯说,不管有多累,他一定要做完作业再去做别的事情。所以我才说他那么认真,成绩也很好。"

小瞳这才恍然大悟,"原来是这么回事"。从自己小时候起,母亲就不怎么夸奖自己,总是夸奖周围的孩子,原来是在告诉自己要变成周围的孩子那样啊。

之后母亲也经常暗中否定小瞳的言行,渐渐地,小瞳失去了自信。因为过于在意母亲对自己的评价,所以她无法自己设定目标,也不会朝着目标努力,于是她转而寻找比自己更差的人来自我安慰,为了让自己心安。

升入初中后,小瞳开始上补习班,家里给她准备了一部手机，以方便联系。第一次接触SNS[1]，小瞳就被它深深地吸引了。因为在SNS上，即使没有详细地说明自己的情况，也能与人交流。而且，如果说自己是女中学生的话，还会受到很多男性的青睐，他们会倾听自己的烦恼，也会夸奖自己。他们觉得小瞳这样的状态挺好的，没什么问题，这让小瞳感到很高兴。

没过多久，小瞳陆续收到成年男子的邀请，他们在线下见面，小瞳还与他们发生了性关系，事后他们给了小瞳钱。

"我是有价值的。"

小瞳产生了一种满足感，并沉浸其中。她并不是没有后悔，但是想"只是从想和我交往的男人那里得到金钱而已""也有不会与我有身体接触的男人"等等，觉得自己不是在卖淫。但是，当那些男人被逮捕时，小瞳的行为也被发现了。于是，她被收容在少年鉴别所里。

---

[1] 全称 Social Networking Services，即社会性网络服务，旨在帮助人们建立社会性网络的互联网应用服务。

● 不珍惜自己的孩子，往往自我肯定感低

上述案例被称为"虞犯"，即虽然还没有触犯法律，但是从环境和发展方向来看，将来可能会导致犯罪。

小瞳极度缺乏自信，为了获得"被认可的感觉"而走上了错误的道路。自己被别人追求而产生的心理充实感，加上能获得物质上的满足感，让她瞬间就陷进去了。

少年鉴别所中有很多类似的案例。哪怕对方的宠爱、奉承只是单纯地为了发泄性欲，有些青少年也觉得"这样也没关系"。小瞳获得了金钱，而有些孩子即使没得到任何报酬，也愿意发生性行为。因为她们觉得，只有在那时候，对方才会关注自己、认可自己。

很多女孩子反复怀孕、堕胎，她们的身体和心灵都遭受了巨大的伤害。但是，当我们对她们说"要更加珍惜自己"的时候，她们的反应是"不，我自己并不重要"。她们不认为自己是有价值的，不珍惜自己，这是多么可悲的事情啊。

自我肯定感越高的孩子，越会珍惜自己。

自我肯定感是指能够肯定真实的自己的感觉，不必和他人比较，承认并尊重自我存在的价值。可以说，它是迈

向美好人生的根本力量。

小瞳经常被母亲拿来和别人比较，被否定，比如母亲一直对她说"和谁谁谁比起来，你都不如人家，所以你不行"。如此一来，小瞳的自我肯定感低也是理所当然的事情。

或许母亲的本意并不是否定小瞳，但是出于对自己孩子的期待，以及巨大的育儿压力，她最终生气地说"要说多少次你才明白"。但是，如果父母真的在乎孩子，就必须将自己对孩子的重视好好地用语言表达出来。

"因为是家人，就算不说出来，对方也能明白"，这种情况是不可能出现的。父母要经常告诉孩子"只要你健康有活力，我就高兴""我很珍惜真实的你"，这是很重要的。而且，更重要的是，父母要告诉孩子，不是因为孩子"做了什么"或者"比别人优秀"才在乎他，即使孩子什么都不会也没关系。父母要让孩子意识到，真实的自己也是有价值的、值得被尊重的。

● 自我肯定感不是以自我为中心

虽说要重视自己，但这和以自我为中心完全不同。

所谓以自我为中心，是指为了自己的利益或关心的事情而采取行动，缺乏对他人的关怀。由于站在自己是正确的、自己是第一位的立场上，所以这类人常常会在社会生活中遇到不顺利的事情。

无论是谁，小时候都会以自我为中心来看待世界，但随着年龄的增长，就会逐渐学会站在他人的角度来看待问题（这在心理学上被称为"观点采择"）。不再是"考虑自己"，而是能够一边考虑对方一边采取行动（自我中心性与同理心有着紧密的联系，我将在第 6 章对此进行详细的介绍）。

在失足少年中，有很多以自我为中心的孩子。即使损害社会规则、他人的感情和利益，这些孩子也会为了自己的利益而采取行动。这和"珍惜自己"是两码事。是因为他们的自我肯定感高吗？完全不是。甚至可以说，他们的自我肯定感很低。他们不明白，别人和自己一样是值得被尊重的人。有些孩子认为别人是无关紧要的，然后恣意妄为，犯下了各种罪行。我通过对这类孩子进行心理分析发现，其实他们的内心深处也隐藏着"自己是无关紧要"的想法。

相比缺乏自我肯定感而犯错的女孩，自我肯定感低的男孩则有可能走向"多种方向犯罪"。

所谓"多种方向犯罪",是指反复实施盗窃、伤害、猥亵、破坏建筑物等不同种类的犯罪行为。通常情况下,犯罪者都是单一方向的犯罪,即盗窃就只是盗窃,暴力犯罪就只是暴力犯罪。但是,多种方向犯罪者会放任自己的欲望,无视社会规则而采取行动,进而触犯多条法律。他们如此自私任性,令人十分震惊,其根源就在于他们缺乏自我肯定感。

在与失足少年和罪犯面谈时,他们经常会说的一句话是"反正我就是这样的人",即使他们看起来很强大、很聪明。自我肯定感高的失足少年人数几乎为零。

在感化教育失足少年时,少年院的老师首先从肯定他们开始。当然,老师不是肯定违法行为,而是要肯定这个孩子本身。提高自我肯定感,是让这些孩子走向成功的一个必要步骤。

● **打动人心的夸奖来源于仔细观察**

给予肯定并不是过分夸奖,而是用认可孩子自身的包容态度来对待孩子。即使是很小的事情,也要给予夸奖和认可。少年院的老师们在这方面真的非常擅长。

比如让失足少年做什么工作的时候，老师会说"你比昨天做得更好了""你在这里下了功夫"等等，即使孩子只是做一件很小的事情，老师也能发现其中的变化和成长，并主动说出来。这些孩子不习惯被夸奖，一开始不会有什么积极的反应，这是因为他们不知道该做什么表情来回应，也不知道该说什么话来回答。

但是这些夸奖确实传达到了孩子的内心。如果很夸张地给予他们表扬，反而会适得其反，有些孩子会产生不信任感，认为"老师是不是想控制我"。在不经意间抓住恰当的点表扬孩子，他们便不会面露不快，而是感到自己被认可了。

老师们之所以能抓住重点去夸奖，是因为他们对孩子进行了仔细观察。虽然孩子什么都不会说，但是他们会表现出"今天试着这样做了""试着挑战了一下"等行为，老师们发现了这些行为后，就会立刻表扬他们。不过，没有必要过度地夸奖孩子，说什么"太厉害了"之类的话，只需要说"你试着挑战了这个啊"，孩子就会产生被认可的感觉。

通过认可孩子的努力和成长，可以提高孩子的自我肯定感。

● 观察细微变化，发现孩子的努力和成长

在此，我想再次强调一下观察的重要性。

我在序章中说过，"行为观察"也是心理分析的一个环节。仅靠面谈和心理测试无法了解孩子真实的样子。孩子在面谈时说的话与他平时做的事情不一致是常有的情况。相对而坐的时候，有时孩子会表现良好，有时则相反。有时孩子也会表现出攻击性，或是伪装成一个无可救药的家伙。

通过观察一个人的日常行为，可以发现一些东西。父母和孩子之间也是如此。在观察的时候，也许孩子会展现出和面对面交谈时不同的一面。如果父母平时经常与孩子进行亲子对话，也能观察到这些不同吧？令我有些意外的是，有些父母看似在观察，实际上他们没有真正看到孩子的不同之处。

不管是为了注意到孩子发出的求救信号，还是为了发现想要表扬孩子的地方，都要进行观察。在观察的过程中，父母可以适时地给孩子提供他们需要的东西。

父母要养成观察的习惯，不论是孩子一个人在做事情时，还是他和兄弟姐妹在一起时，或者和朋友玩耍时，都

要仔细观察。当然,在孩子能看到你的范围内观察也没关系。

观察的要点是关注孩子的变化——孩子与平时不同的行为、表情等。这并不是特别困难的事情。如果养成了观察的习惯,当你注意到孩子的变化时,会不自觉地感到吃惊。如果你发现了孩子的努力和成长,就可以表扬孩子。

● 培养孩子的自我肯定感与自我效能感

日本人的自我肯定感低一直被视为一大问题。例如根据日本内阁府的调查,"对自己满意"和"大致满意"的年轻人的比例在欧美各国是 80% 左右,而日本是 40% 左右。

近年来,人们特别关注自我肯定感,在教育一线也采取了各种措施,不过这个问题仍然没有得到改善。

随着不断成长,一个人的自我肯定感也容易下降。同样,根据内阁府的调查,回答"喜欢现在的自己"的年轻人的比例随着年龄的增长而减少。

当孩子进入青春期,开始反思自己的时候,"讨厌自己"也是很自然的事情。相信大家都有过这样的经历,认为"朋友很厉害,而自己却……",并且感到很失落。

询问 13～29 岁的人"你对自己满意吗？"

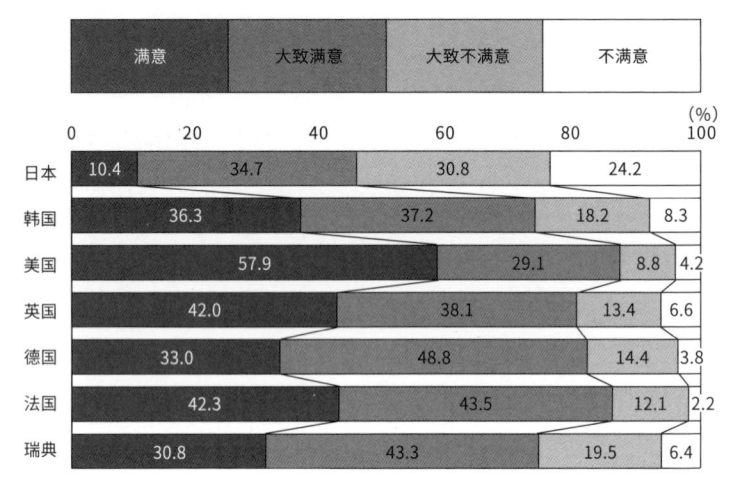

国家	满意	大致满意	大致不满意	不满意
日本	10.4	34.7	30.8	24.2
韩国	36.3	37.2	18.2	8.3
美国	57.9	29.1	8.8	4.2
英国	42.0	38.1	13.4	6.6
德国	33.0	48.8	14.4	3.8
法国	42.3	43.5	12.1	2.2
瑞典	30.8	43.3	19.5	6.4

出处："关于日本和各国青年意识的调查（2018 年）"（内阁府）[1]

　　13～25 岁左右的青年时期被称为"疾风怒涛的时期"。随着身心的急速发展，人在这一时期很容易感到不安，因此幼年时期培养的较高的自我肯定感自然会降低。在这样的情况下，找到自己的问题并解决，朝着更好的自己前进，才是正常的发展方向。

　　父母应该关注孩子的发展，并在必要时给予孩子支持。

---

[1] 本表中的数据按照四舍五入方法计数。

询问13～29岁的人"你喜欢现在的自己吗？"

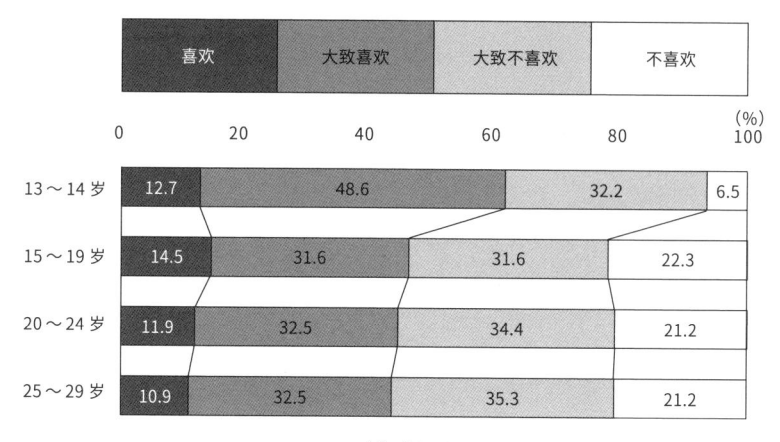

年龄	喜欢	大致喜欢	大致不喜欢	不喜欢
13～14岁	12.7	48.6	32.2	6.5
15～19岁	14.5	31.6	31.6	22.3
20～24岁	11.9	32.5	34.4	21.2
25～29岁	10.9	32.5	35.3	21.2

出处："关于孩子和青年意识的调查（2019年）"（内阁府）[1]

对于因为和别人比较而沮丧的孩子，父母可以告诉他"你的存在本身就是有价值的"。当孩子进入青春期后，父母与孩子面对面交谈的机会可能会变少。这时，观察力就发挥作用了。父母平时多观察孩子，就会知道什么时候该给予孩子鼓励。

而且，重要的是孩子能直面自己的问题。

与自我肯定感相似的词语还有"自我效能感"。所谓

---

[1] 本表中的数据按照四舍五入方法计数。

自我效能感,是指对于某些课题,抱有"自己一定能解决"的想法。一个人的自我效能感越高,就越能采取实际解决问题所需的行动。相反,如果一个人的自我效能感低,在面对问题时就容易产生"自己不可能做到"的想法,也不会尝试解决。

与自我效能感关系最大的就是自我肯定感。如果一个人相信自己的存在是有价值的,那么他就会积极主动地去解决问题。由此,他不断积累成功体验,自信也会随之提高。

由此可见,如果孩子在幼年时期自我肯定感比较低,那么到了问题较多的青春期以后,再想提高自我肯定感就变得非常困难了。这样一来,孩子不能积极地面对问题,最终会因为无法克服困难而失去自信。而且,如果父母在这时传达出"你做不到这些,你很没用"的信息,孩子的自我肯定感就会不断下降。

● **"要说多少次你才明白",会降低孩子的自我肯定感**

"要说多少次你才明白",这句话不是降低小瞳自我肯定感的唯一原因,但它确实在让孩子失去自信方面具有一定的影响。

"你还要我说几遍！"

"我之前不是说过吗？"

"你适可而止吧！"

父母情绪爆发的时候可能会说出上面这些话，传达给孩子的信息则是"不管说多少次都做不到，你太没用了"。或许父母这样说能缓解育儿的压力，但是这样一来，非但解决不了问题，反而会降低孩子的自我肯定感。

那么，怎么做才能解决无论父母说了多少遍，孩子都不明白的问题呢？首先要考虑的是父母是否采取了孩子能理解的表达方式。

小瞳的母亲认为对孩子要求过高是不好的，所以她没有直接指示女儿这样做或那样做，而是通过夸奖其他孩子，来委婉地要求女儿"变成别人那样"。在母亲看来，这样做是很有道理的，而且她觉得自己准确地向小瞳传达了想法，至于小瞳没有明白，那都是小瞳的错。

但实际上，小瞳并不了解父母的想法。所以当母亲突然发火，说"要说多少次你才明白"时，小瞳吓了一跳。虽然这只是一个极端的案例，但是生活中真实存在着父母认为"已经说了很多次"，孩子却可能并没有明白的情况。

在这种情况下，父母有必要改变自己的表达方式。

另外，父母之所以愤怒，很有可能是源于自己的臆想。"要说多少次你才明白"，父母愤怒地说出这句话，是因为觉得孩子没有听从自己所说的"应该这样做"。但是，父母需要仔细地思考一下，是否真的应该让孩子按自己所说的去做。小瞳不论多么疲倦都应该先完成作业吗？

应该去偏差值高的高中，为此应该努力做作业和学习，这些都是父母的价值观。也可以说，这些都是父母单方面强加给孩子的想法。也许父母会说"我这是为了孩子着想"，但其实很多时候，父母说这些话是为了让自己安心，或者是为了得到周围人的认可。

事实上，孩子会敏锐地察觉到父母的真实意图并反抗。

孩子并不是为了父母而活的。那么，对于孩子的反抗，父母愤怒地说"要说多少次你才明白"的举动算得上是正确的吗？

当父母想说"要说多少次你才明白"时，正是察觉自己的想法的机会。

请试着写出孩子的哪些事情会让你感到愤怒，学习、教养，还是朋友关系等？从中应该可以看出你对孩子的期待，我认为这也可以反映出你所重视的价值观。价值观本身并没有什么错,只不过当"认为孩子应该这样做"的想法成为愤怒的来源时,如果你意识到了这一点,就迈出了解决问题的第一步。

● "我家孩子不行……",孩子听到后会失落

我觉得日本人的自我肯定感低也受到了社会文化的影响。当自己被别人称赞"你很厉害"的时候,日本人会谦虚地说"哪里哪里,我还差得远呢",日本文化将此视作美德。这在父母之间的对话中也很常见,父母们会夸奖别人的孩子,而贬低自己的孩子。

"听说您家孩子已经能够流利地背诵九九乘法表了,真聪明,真厉害啊!我家孩子不行,连算数都还不会呢。"

"没有,没有,他一点也不聪明。您家孩子常常读书,我才觉得厉害呢。"

如果是欧美国家的人听了这些话,肯定会非常吃惊,"为什么要说自己的孩子不行呢",而在日本,这是一种让人际关系变得和谐的沟通手段。在很多情况下,面对别人的夸奖时,如果父母回应说"没错,我家的孩子会这些东西!他还会……"会让人觉得"另类"。炫耀自己的孩子是

很难做到的（这同样适用于夫妻之间，积极地向别人夸赞自己的伴侣，这种情况在日本也很少见）。

但是，如果孩子听到父母说"我家孩子不行"，心里一定会感到失落。如果这种情况重复多次的话，孩子的自我肯定感肯定会降低。

受日本文化的影响，父母很容易说出"我家孩子不行"这类的话。虽然在别人面前接受夸奖是没问题的，但实际上却很难做到。不过我想说的是，你在当时的情况下为了表示谦虚而那样说是没问题的，重要的是，事后要及时鼓励孩子。

"对不起，刚才我说了你算数不行。其实，我觉得你完全可以做到。"

"被夸奖会背诵九九乘法表很高兴吧。妈妈也觉得你很厉害哦，你很聪明。"

一定要向孩子表达你对他的认可，这样才不会损害孩子的自我肯定感。说完否定孩子的话后放任不管与事后及时鼓励，这两种做法所产生的影响有很大差别。

CHAPTER
05

"好好学习"
会给孩子带来过大的压力

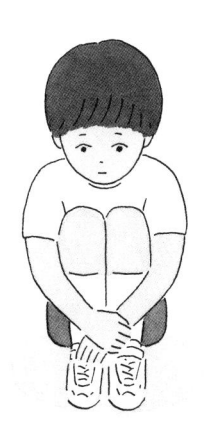

父母如果对孩子期望过高,
在精神上逼迫孩子则不利于孩子的成长。
父母不要只是单纯地告诉孩子"要好好学习",
重要的是教孩子体会学习的乐趣。

浩司的案例

罪状 杀人未遂

意图在家里射杀父亲和母亲

浩司是当地重点学校高二的学生。他从小学习成绩很好,是一名优等生。浩司的母亲开了一家私人诊所,从早到晚都忙于治疗,因此常常不在家。但是,浩司的父亲把家庭照顾得很好。浩司的父亲性格沉稳,没什么大的愿望,一直支持着忙碌的妻子,并且他还会承担家务,所以浩司家在生活方面并没有什么困难。

但是,当浩司进入青春期后,由于母亲对他的期望太高,这令他感到很痛苦。母亲期望儿子以后能继承自己的诊所。这家诊所是母亲在浩司上小学时创办的,母亲为了引进人工透析机等投入了巨额资金,而且她知道仅凭自己是无法收回成本的,于是母亲常常对浩司说:"好好学习,希望你能考上大学的医学部,将来继承诊所。"因为浩司的哥哥学习不好,所以母亲自然而然地将期望寄托在浩司的身上。

上小学的时候,浩司因为被期待而感到很高兴,在学习上很用功，但是上了初中后，他的脑海中偶尔会闪过"为什么只让我努力学习"的想法。哥哥考上了工业高校，开始学习设计，据说日后能够成为动漫制作人。看到哥哥神采奕奕的样子，浩司羡慕极了。

"哥哥可以自己选择未来，为什么我却不可以？"八年级时，浩司试着这样和父亲商量着，但是父亲却露出一副"你在胡说些什么"的表情。父亲说："那是因为妈妈对你抱有期待。你得到了妈妈的认可，所以应该感到高兴。"

听到父亲的话，浩司非常失望，他觉得没有人能够真正地理解自己。母亲总是很忙，没时间在家里好好休息，所以他不可能和母亲聊天。

升上九年级后，有一次老师要求父母来学校面谈关于浩司未来的选择时，母亲第一次来到学校。母亲对老师说："这个孩子说将来要从事医生的工作，继承我们的诊所。拜托您指导孩子向着那个目标发展。"虽然浩司内心强烈反对，心想"我根本一次都没说过那种话"，但他最终什么也没说。

浩司顺利进入当地最好的重点高中，但是和之前不同的是，他的成绩不仅没能名列前茅，反而在中下游徘徊。身处这么多优秀的孩子中，浩司觉得自己毫无实力，他渐渐失去了自信。父母会怎么看待学习不好的自己呢？为了不让成绩暴露，他想了各种各样的方法，结果还是很快就被父母知道了。

"上了好高中就得意忘形了吧。"

"我们对你抱有这么大的期待，你不知道吗？"

父母的责备让浩司一直以来的不满变成了愤怒。他觉得这样下去自己是不会幸福的，只有让父母死掉才行。想不开的浩司偷偷用哥哥的3D打印机制作了手枪，在一个休息日的晚上，趁家人都熟睡的时候，他打开了父母卧室的门，用手枪乱射一通。幸亏手枪的质量不好，击中父母的子弹并没有造成致命的伤害。浩司被父亲制止了。后来，他说自己也不知道为什么无法控制情绪。

● "好孩子"为什么会犯下重罪？

在这个案件中，学习好、被寄予厚望的"好孩子"突然用手枪射杀父母。此前，浩司从未在家庭中使用过暴力，也从未表现出反抗的态度。但这样的孩子为杀害父母做了周密的准备，显然他已经起了杀意。虽然他父母受的伤并不严重，但这是一起非常令人震惊的案件。

令浩司痛苦的是，他的父母希望他取得好成绩，将来继承诊所。

父母的期待曾经让他觉得很开心，实际上，他为了不辜负父母的期望，一直在努力。但是，其中存在一个重要的问题，那就是父母忽视了浩司的心情。母亲只是单方面地表达了自己的期望，并没有和浩司交流。于是，浩司找父亲商量，但父亲也没有认真倾听他的心声，所以他感到很失望。

另一个问题是，父母没有认可浩司的努力。虽然浩司进入高中后成绩下降了，但那不是因为他懈怠了，而是环境变了，一时很难取得更优异的成绩。但是父母只看到了结果就对浩司加以责难，给他带来巨大的心理压力，而他为了不让成绩暴露，于是选择了隐瞒。

这样的行为其实是一种求救信号。此外，孩子的求救信号还会表现在其他的言行和表情上。不得不说，浩司的父母没有注意到孩子发出的求救信号，只是逼着孩子"好好学习"，这样的回应方式是错误的。

在现实生活中，像浩司这样的"好孩子"犯下重罪的例子时有发生。父母过度的期待有时会把孩子逼到这种地步。

● **当孩子出现心理狭隘的现象时，可能会做出极端的行为**

浩司的攻击对象是父母，但也有与此不同的情况。

2022年1月15日，在作为大学升学联合测试考点的东大校门前，发生了一起高二学生持刀伤人的案件，导致三人受重伤或轻伤。被捕的少年以进入东大医学部为目标而努力学习，但是从一年前开始，他的学习成绩开始下滑，他在绝望之下实施了这个犯罪计划。他想先在东大校门前杀人，然后自杀。

在这起案件之前，还有几起类似的案件震惊世人。

2021年8月，在小田高速列车内，一名36岁的男子用刀砍伤乘客，以杀人未遂的嫌疑被逮捕。之后，在列车内也发生了几起被视为模仿该案件的事件。

此外，2021年12月，一名61岁的男子在大阪一家诊所纵火，导致诊所内医护人员和12名患者死亡。据说这名男子至少花了10个月的时间来策划这场纵火案。他在诊所里放火后，自己也走进大火中，选择了死亡。

这一连串的案件被称为"扩大性自杀"。

所谓扩大性自杀，是指对人生绝望而产生自杀念头的人，将亲人牵连进来，企图强行让对方和自己一起去死的现象。杀人者抱有不想自己一个人死的想法，或者觉得自杀不甘心，所以希望杀害亲人再被判死刑，再加上他们觉得自己的处境都归因于社会，所以为了消除这种憎恶，他们就会把亲人牵扯进来，无差别地伤害他人。

浩司并没有先杀了父母然后自杀的想法。但是他明白，犯下这起案件会导致自己社会性死亡。因为他很快就会被逮捕，所以无法再去学校，而且会被包括哥哥在内的家人抛弃，会失去朋友，还会失去一直以来支持自己的学校老师和补习班老师的信任。

社会性死亡，对年轻人来说也是一种"自杀"。

在这起案件中，浩司杀人未遂还可以进行挽救。之后，他会在少年院里生活，重新审视自己和家人的关系，努力重新做人。

东大校门前的刺伤案件也是如此。我们从年轻人的扩大性自杀中可以看出，孩子在青年时期存在特有的"心理狭隘"的现象。在思考自我时容易感到不安的青年时期，如果孩子持续性地承受巨大的压力，心理视野就会变得狭窄。平时能想通的事情都想不通了，也看不到解决问题的方法。最终他们就会想不开，认为"只有死"才能解脱。大人们知道自己有各种各样的选择，但是孩子们一旦陷入"心理视野狭隘"的状态，就找不到其他选择。

有些孩子为了表现自己的影响力，就会选择牵连别人的方式。他们因为对社会的愤怒而产生了扭曲的自我表现欲，为此会进行周密的准备，甚至连制订计划、事先调查、采购武器等困难的事情都能做到。他们一边进行犯罪准备，一边沉浸在自己的狭隘想法中。

他们觉得，"为了证明自己的存在，只能采取这种方法了……"。

虽然现实并不像他们想的这样，但是让他们自己思考，心理视野只会越来越狭隘。

周围的大人们必须告诉陷入心理视野狭隘的孩子还有

其他选择。大人不要武断地否定孩子，说"你在想什么蠢事呢"，而要先接受孩子的想法，然后再一起思考其他的方法。

● 帮助孩子找出产生错误念头的心理动机

人只要活着，就会遇到各种各样的事情，即使是现在活得很出色的大人，也可能曾经莫名地产生过想死的念头。

"如果我现在死了会怎么样呢？"

"家人和朋友会是什么表情呢？"

"那家伙要是死了就好了。"

"干脆杀了他吧。"

你可能也会有恨别人想要杀了他的念头。其实我也产生过这样的念头。

当然，有这种想法本身并不是罪过。有人会觉得："产生这样的动机就很不像话，这是不可以的。"其实，产生犯罪动机本身并没有什么问题。而且有很多人会产生犯罪动机，只是他们没有实施而已。

问题在于，是否将动机付诸实际行动。

"不能有想死的想法。"

"不能有伤害别人的想法。"

父母不要这样否定孩子,重要的是接受孩子存在这种想法的可能性。孩子之所以会有这样的想法,是有原因的。如果不找出这些原因,问题就无法得以解决,甚至会有愈演愈烈的倾向。

● **预防犯罪和违法行为的"风险和成本"是什么?**

即使人们有犯罪的动机,一般也不会付诸行动。这是因为犯罪风险很高,而且会失去很多东西。我多年来从事犯罪心理的研究,一直用"风险和成本"的概念来说明如何预防犯罪。

所谓风险,就是被逮捕的危险性的高低;所谓成本,就是不管是否被逮捕,自己因为犯罪而失去和牺牲的东西。

通常,人们试图用经济学理论来解释犯罪,即所谓的"性价比"。如果一个人付出较少的劳动就能得到较多的回报,就会实施犯罪;反之,如果不划算,就会打消犯罪的念头。

但是,在与犯罪分子进行面谈的时候,我发现几乎没有人是根据"性价比"来采取行动的。有人会付出巨大的行动偷些小东西，如果从性价比的角度来思考，是不可能出现的情况。那么，人们究竟因为什么才会打消犯罪的念头呢？我与很多罪犯进行面谈，在听他们说话的过程中，最终找到了"风险和成本"的思考方式。

什么是风险和成本呢？

有位警察经常说"没有任何防范性措施胜于逮捕"，意思是如果提高破案率，告诉罪犯"这样做绝对会被逮捕"，就能起到防范的作用。

但是，仅仅这样做是行不通的。在"逮捕胜于防范"的情况下，犯罪已经发生了，受害者已经受到伤害。所以不要等到事情发生了才采取行动，在案发之前就必须考虑避免犯罪发生的机制。我一直思考如何在罪犯做出攻击之前就制止其行为。虽然一个人有犯罪的动机，但只要他不付诸行动就可以。

例如，假设某个青少年在家时，想到了去附近的便利店偷东西。此时他的犯罪动机已经产生。但是，在实际偷东西之前，他要做出很多判断，比如，要不要离开自己的房间、要不要穿鞋出门。在开展行动之前，他会持续性地做出一些"yes"或"no"的选择。我们平时也会无意识地做出这样的选择。

假设这名青少年一边继续选择"yes",一边走到了便利店附近。眼看他就要实施偷窃行为了,但此时,有人向他打了个招呼说"晚上好"。这样一来,他就会因此打消偷窃的念头。他之所以突然做出"no"的选择,是因为在犯罪前见过某人的事实会提高自己被逮捕的风险。也就是说,因为自己被人看到了,所以这次就放弃了。

打招呼的一方可能只是做了打招呼的动作,但对于有犯罪动机的一方来说,却意味着很多。然后,原本有犯罪动机的人就会像平常一样,买完东西回家。

这个例子的核心要点就是风险和成本。如果经常有人和他们打招呼,那么他们就会觉得"犯罪行为会暴露",因此打消了犯罪的念头。这是因为他们判断犯罪的风险很高,而且如果街道很干净,那么自己的行为就很容易引人注目,逮捕风险也会变高。

另外,如果和当地的人建立了良好的关系,这也会成为一项成本。因为如果实施犯罪,就会破坏自己与当地居民的关系。即使仅是互相打招呼的关系也会成为成本。如果他们感觉大家都在看着自己,那么结果就会有很大的不同。成本,也就是人们觉得自己失去的信任越大,越会打消做坏事的念头。

● 利用最大的成本——家人，打消犯罪的念头

按理来说，最大的犯罪成本就是家人。因为当某人正在制订犯罪计划时，如果他脑海中浮现家人的面庞，想到"这会让家人悲伤"的话，应该就会打消犯罪念头。当然，这是以和家人之间有信任关系为前提的。想到自己一直被父母信任着，不能辜负父母的信任，犯罪成本就会增加。因为失去家人的信任是一种难以忍受的痛苦。

此外，朋友、亲戚、学校老师等曾经关照过自己的人的面庞也会浮现在脑海中吗？凡是自己不想失去、不想让对方伤心的关系都是犯罪成本。

另外，社会地位、工作、居住的地区和场所等也是成本。成本越大，即使犯罪的念头在脑海中闪过，自己也会认为"这是愚蠢的想法"，进而打消念头。

相反，在成本低的情况下，萌生动机后就可能采取实施犯罪行为。家庭关系不好、没有朋友、感到孤独、没有地位、失业、对现在居住的地方毫无留恋，在这些状态下，犯罪动机一旦形成，就很难打消念头。只有从被逮捕后受到惩罚的风险角度来考虑，才可能打消犯罪念头。

不考虑风险和成本的罪犯，通常被俗称为"亡命之

徒"，也就是没有什么可以失去的，就算被逮捕也无所谓的人。前文所述的扩大性自杀正是这种情况。因为这类人本来就想死，所以会毫不犹豫地实施犯罪。他们会无差别地攻击别人，把很多无辜的人卷进来，之后再自我了结。也有人因为做不到自杀，而希望被判死刑。

另外，就在我即将完成本书的2022年7月8日，发生了前首相安倍晋三被枪击身亡的案件。虽然目前还无法详细分析凶手的动机和案件经过，但我认为该凶手也是一个不考虑事件严重性的"亡命之徒"。当然，"亡命之徒"是很少的一部分，他们在犯罪者中也很罕见。但是，我感觉最近这类人比以前增加了。

首先是与家庭，然后是与社区、周围的人建立良好的关系，我希望能建立一个比现在的犯罪成本更高的社会。提高成本不仅仅是为了预防和抑制犯罪行为，如果孩子为了学习和兴趣而努力，"想要让周围的人高兴"，那么成本也会发挥积极的作用。

● 让孩子明白不是"在竞争中输了就走投无路了"

看到东大校门前的刺伤案件，有人认为是考试等激烈竞争把孩子逼入了绝境。

近年来，把中考当作目标的人越来越多，上补习班的孩子也在逐年低龄化。以中考为主题的小说和电视剧等也备受关注，它们反映了对孩子抱有期待的父母的矛盾心理，以及孩子们一边回应父母的期待，一边碰壁令人心疼的样子。

父母不仅是为了让孩子成绩优异而让孩子参加补习班，随着生育率降低，父母花费在每个孩子身上的教育费用也在增加。正因为在瞬息万变的时代看不到未来，所以父母才想"为孩子做些力所能及的事"。但是，父母如果对孩子期望过高，在精神上逼迫孩子则不利于孩子的成长。

考试只是一个简单的例子，在教育领域，竞争无处不在。我认为竞争本身并不是一件坏事，因为有的孩子想在竞争中获胜而努力学习。而且，我觉得按成绩顺序公布姓名等鼓励竞争的方式也没有问题。

重要的是，我们要建立一种价值观，那就是无论竞争的结果如何，孩子本身都是值得被尊重的。这与前一章所说的自我肯定感是相通的。无论在考试中胜出还是失败，孩子的存在都是有价值的。我们应该在这样的前提下去教育孩子合理地面对竞争。

竞争只不过是为了让人朝着目标努力的一个机制而已，并不是输了就一无是处。例如，在报考东大医学部的人之中，虽然能考上的人是有限的，但是每个人都有参加考试的机会。只要有考试的机会，我们就能为之努力。而且，即使考试不合格，努力的价值也不会减少，而且参加考试的人的自身价值也不会降低。

因此，并不是竞争和考试的错。孩子之所以被逼到绝境，是因为他觉得"如果输了就完了"。所以即便父母对孩子抱有期待，也不要让孩子觉得"如果输了就完了"。

● 越是让孩子好好学习，孩子越不想学——飞镖效应

浩司的父母反复叮嘱他"要好好学习"。

父母对原本学习优异的浩司抱有期待，并经常说这句话，这在某种程度上是有效果的。但是，这句话也有负面效果，也就是心理学所说的"飞镖效应"。

所谓飞镖效应，在社会心理学上，是人们把行为举措产生的结果与预期目标完全相反的现象。越是拼命地说服对方，越容易引起对方的反抗，从而引导对方做出相反行为。因为人在被强制行动时，就会想要反抗。我们总是会

有意识或者无意识地追求自由，当被反复说教时，就会感到自己的自由受到了侵犯。当被别人说"要好好学习"时，反而失去了学习的动力，想必很多人都有过这样的经历吧。

如果售货员强烈地推荐说"您不买就亏了"时，我们就不想买了。

如果别人强烈地要求"请公正地为我投上一票"时，我们就不想为他投票了。

这些例子也可以用飞镖效应来进行解释。

有两个条件容易引发飞镖效应。第一个条件是，"与劝导者的意见相同"。我们很容易觉得，当劝导者与自己的意见相反时，我们就会产生抵触情绪，其实不然。当我们觉得"明明我就想这么做"的时候，反而想进行反抗，并采取相反的行动。所以如果在孩子想要学习的时候，父母叮嘱他"要好好学习"，他想学习的欲望反而会降低。

浩司擅长学习，也体会到学习的乐趣和喜悦。他明明想好好学习，却被父母要求去学习，因此就产生了逆反心理，这也是自然的心理反应。

第二个条件是，"不相信劝导者"。如果我们被初次见面的人说教，产生抵触情绪是很正常的。而被不信任的人说教时，也是如此。相反，如果信赖的人要求我们做某件事，我们就不会感到"被强迫"或"自由被侵犯"。

如果浩司能和母亲建立信赖关系，结果应该也会有所不同。在那种情况下，即使浩司被要求"好好学习"，应该也不会累积很多不满。只是他的母亲过于重视自己的工作，没有安排与浩司交流的时间，而单方面地要求他"好好学习"。

而且，浩司羡慕哥哥自由地生活着，所以不难想象，他会不满地认为"为什么只有我被剥夺了自由"。

如果他能大大方方地选择不学习或许还好，但他怀着抵触心理继续学习，最终情绪爆发了。

● 与孩子谈论学习以外的话题

父母很容易担心孩子的学习，但是如果亲子间的话题只是集中在学习方面，那是非常危险的事情。如果孩子只与父母谈论关于学习的话题，那说明父母在回避学习以外的话题，而孩子是在根据父母的反应选择话题。原本，孩子的兴趣并不只有学习，他们应该谈论关于朋友、运动、爱好、游戏、电视节目等丰富的话题。

但是，如果孩子说到考试取得好成绩或是在课堂上表现出色时，父母会认真地倾听，而当孩子说到自己朋友的事情、兴趣爱好时，父母的反应则比较冷淡，甚至会说"比起这些，你考试复习得怎么样了"。当这种情况不断重复后，亲子间就变成只谈论学习的话题了。

当孩子感受到父母只会倾听学习方面的事情时，就会变得勉强自己。如果通过勉强自己能够做到的话，那倒没什么问题，但是一般情况下，所取得的成绩也是极其有限的。有些孩子会像浩司那样，隐瞒不好的成绩，即使说谎也想得到父母的倾听和认可。对于孩子而言，已经找不到学习的乐趣。

在考试期间，孩子的生活是以学习为中心的，如果此时亲子间的话题依旧只停留在学习上，那会让孩子感到窒息。聊一些其他的话题，让孩子心情愉悦，他会更有干劲儿。

学习和成绩只是众多话题中的一个罢了。

● 学习受挫时，运用"小步子原理"将目标细分

当然，学习总比不学习好。学习本来就是一件快乐的事情，因为通过学习，我们能了解到以前不知道的事情，

拓宽看待事物的角度。

我们之所以能对世界各地的新闻津津乐道，也是因为掌握了知识。掌握的知识越多，我们越能深刻地解读各种信息，这对我们的人生也有所帮助。学识修养可以丰富我们的人生。

父母不要只是单纯地告诉孩子"要好好学习"，重要的是教孩子体会学习的乐趣。

话虽如此，在学习的过程中，孩子也会遇到自己认为无趣的科目。在了解真正的乐趣之前，我们需要先让孩子理解一些知识，做一些练习题。有的孩子会说："学这种知识有什么用？"也有的孩子会说："完全没意思。"

在上学的时候，我们都会学习历史，我想有人会感到疑惑：了解距今几百年的历史有什么用呢？可是，我们现在的生活就是通过历史创造出来的，所以不了解过去就无法理解现在。只是，我们长大成人之后，才能理解这一点。而学生时代时，我们可能并不理解为什么要学习这些知识。

如果父母盲目地要求孩子"好好学习"，只会让孩子越发厌学。如果孩子在学习中受挫，如本书第3章所述，可以试着将目标细分为几个小目标。"小步子原理"就是一种将目标细分、不断实现小目标、最终达成目标的方法。

例如，假设有个孩子不擅长写作文，他的目标是在400字的稿纸上写一篇内容完整的文章。如果将它分解为小目标的话，可以是这样：

1. 了解稿纸的使用方法。

2. 记录暑假发生的事情。

3. 试着分别撰写事件的时间、地点、人物、内容和自己的感想。

4. 工整地誊写在稿纸上。

像这样分解成小目标后，孩子就知道首先应该做什么了。而且，通过完成一个又一个小目标，孩子可以获得成就感，这是"小步子原理"的优点。对孩子来说，积累小小的成功很重要。只要孩子觉得自己"做到了"，学习就会变得有趣。

采用这种方法，父母也不再只关注结果，而是聚焦于过程。首先，父母要鼓励孩子"先试着完成这个小目标"，然后对孩子努力尝试的行为给予表扬。如果努力的过程能够得到表扬，那么孩子就会想"我要多尝试一些"。

CHAPTER
06

"小心点!"

不让孩子体验,缺乏同理心

如果父母一味地制止孩子,
无论什么事情都说"小心点",
那么孩子就会失去体验经历的机会。

麻衣的案例

罪状 诈骗（投资诈骗）

虚构项目欺骗多位老年人出资，收取约 500 万日元

在麻衣小时候，她的父母开了一家餐厅。虽然只是一个家庭餐馆，但是在当地很快就有了人气。由于父母十分忙碌，照顾麻衣的工作就落到了奶奶和代的身上。和代是一名教育家，曾担任过公立小学的校长。因为只有一个孙女，所以她全身心地投入到对麻衣的教育上。麻衣的父亲非常尊重曾经是教师的和代，将教育麻衣的任务完全交给和代。

而麻衣的母亲，在面对自己的婆婆和代时，常常感到非常自卑，因为她只有高中学历。而和代在辞去校长职务后，仍担任当地的民生委员，当地人对她的评价颇高。

虽然奶奶非常疼爱麻衣，但是也存在过度操心的地方。她经常对麻衣说"不能做危险的事""小心点"。

看到同龄的孩子在秋千上玩，麻衣也想荡秋千，这时奶奶就会说"在奶奶以前工作的学校里，有一个孩子的手指被

秋千的链条夹伤了。这太危险了，还是算了吧"。

当麻衣想去摘河边盛开的花，正要走下河堤时，奶奶会说"有个孩子不小心脚滑了一下，就掉到河里淹死了"这类话，让麻衣不要靠近河堤。

麻衣小时候并不觉得奶奶说这些话有什么问题。等她读小学高年级，看到周围的孩子们一起玩耍，并不需要父母陪同时，她也想这样。

麻衣说："听说朋友们要去购物中心，我可以一起去吗？"奶奶却坚决不同意。

"我可能会因为担心你而晕倒。如果你觉得我晕倒也没关系，你就去吧。"奶奶说出了这句如同威胁般的话。听了这句话，麻衣放弃了出去玩的念头。

就这样，麻衣在班里成了一个不合群的学生。

当麻衣读初中时，她以去参加补习班和社团活动为由，终于摆脱奶奶的监督了。虽然她在家里继续装出一副乖孩子的样子，但是在外面却和不良少年交朋友。麻衣也喜欢"赶时髦"，从高中开始，她给青少年杂志当模特。由于购买了很多衣服和首饰,她的零花钱很快就花光了。

上大学后,麻衣开始打工,但对于大手大脚的她来说,工资只是杯水车薪。于是,她想到了去偷父母餐馆的营业款。由于每次只偷一点点而不会被发现,她偷了很多次。然而,每一次从餐馆偷到的金额是有限的,所以麻衣想到了奶奶的私房钱。麻衣觉得,偷走奶奶的钱,只是让过度管教自己的奶奶付出代价而已,所以当她偷走奶奶的钱后,并不认为自己做了坏事。

想要得到更多金钱的麻衣看到特殊诈骗的报道后,心想"我也可以这样做"。于是,她以经常光顾餐馆的老年人为目标,对他们说:"我们的店计划在三年后装修,扩大规模。如果你们现在出资的话,到时可以得到很高的分红。但这是秘密,不要告诉任何人哦。"

当时,麻衣打着在当地极有名气的奶奶的招牌,声称"这是奶奶告诉我的"。因此,麻衣成功骗取了500万日元。当然,餐馆自然没能给大家分红,麻衣也被逮捕了。

● 缺乏同理心造成的悲剧

我在少年鉴别所跟麻衣面谈的时候，她说："我并不觉得自己做了什么坏事。即使别人对我说要考虑受骗者的感受，也只怪他们自己财迷心窍，轻易地被骗。"由于麻衣的同理心很低，加上难以想象受害者的感受，所以她很难深入地内省。

但是，在麻衣被送到少年院后，经过面谈和按照改过自新计划实施改造，她逐渐意识到了自己的问题。

"唉，他们觉得从我这里听到了秘密，感到很高兴。但是我背叛了他们。"麻衣花了很长时间，才学会这样去考虑受害者的感受。

麻衣极度缺乏与同龄的孩子们接触的体验。因为爱操心的奶奶总是会抢先一步，为了避免麻衣出现意外，禁止她单独与其他孩子玩耍。可以说，由于过度保护和过度干涉，麻衣被剥夺了培养同理心的机会。

所谓同理心，是指自己设身处地地去理解他人的感受。同理心的形成有两个前提，一个前提是"能够正确地认知人的感情"，即能够通过表情等读取并认知，别人是在生气还是在哭泣等。另一个前提是"能够正确地推测人的感情"。有时候，一个人虽然在笑，但实则很悲伤；有人虽然表现得很平静，但实则很生气。因此在认知的基础上，推测对方的心情是很有必要的。只有这样，才能培养同理心。

同理心是在与各种各样的人的真实交往中培养出来的。因为别人的三言两语而受伤，与别人吵架后再和好，这些在人际关系上的失败体验也能提高同理心。

一般来说，人在成长过程中会经历很多小问题，同时也能在处理问题的过程中学会培养同理心，学会思考自己的言行对别人有什么影响。但是麻衣在成长过程中却没有经历过这样的事情。

进入青春期后，麻衣意识到自己在班级里是一个异类。她不能很好地与同学们沟通，总是容易喋喋不休地说自己的事情，或者容易说出伤人的话。即使麻衣很想与大家和睦相处，她也不知道该怎么做。孤独的麻衣十分憎恨奶奶，她心想："都是奶奶的错，不论什么事情，奶奶都说不行，所以我才会变成这样。"

而且，麻衣对父母也怀有敌意，因为他们没有将自己从奶奶的压迫中解救出来。无论是偷取父母餐馆的营业额，还是窃取奶奶的私房钱，麻衣都觉得"拿他们这点钱是理所当然的"。在反复进行家庭内部盗窃的过程中，麻衣的罪恶感越来越小，最终发展成了投资诈骗。

不仅是麻衣，实施这种盗窃、诈骗行为的不良少年或罪犯都有同理心较低的倾向。他们宣称"是受害者的错"，丝毫不考虑受害者的心情。但是，这完全是行骗者的错。

即使对方受到了欲望的驱使，我们也不能趁机欺骗对方，这是犯罪。

● "不是我的错"——合理化的心理

被骗的人有错、因为他们被金钱蒙蔽了双眼等这种为自己欺骗他人的行为找借口的做法，在心理学上被称为"合理化"。这是一种为了在欲求不满和矛盾中保护自己的内心而发挥作用的防御机制之一。因为他们知道骗取他人的金钱是不对的，正是因为内心充满了罪恶感，所以才会为了保护自己的心理平衡而将自己的行为合理化。

几乎所有的不良少年或犯罪者都会将自己的行为合理化。他们会想"因为有这样的理由，所以没办法"。虽然我们很想对这些人说"不要找借口"，但是他们进行的合理化与向第三者解释说明的"借口"是有区别的。他们是为了保护自己的内心而给自己找理由，因此即使斥责他们说

"别找借口",也是毫无意义的。最重要的是认可他们,对他们说"你觉得有这样的理由,所以没有办法吧"。

当然,不能只停留在说"没办法"的阶段。如果只是这样的话,孩子无法进行深刻的内省,也就无法改过自新。但是,如果大人不暂时运用合理化来保护孩子的内心,孩子是无法前进的。作为守护孩子们走向自新的大人,需要接受这一点。只有这样,孩子们才能察觉到受害者的心情和自己罪行的严重性。

父母在批评孩子做错事时,首先最重要的是听孩子解释。孩子之所以找借口,大多是为了让自己的内心平静下来。允许孩子将自己的行为合理化,这对保护孩子的心理状态是非常重要的。而且,如果孩子总是找借口,他自己也会感到矛盾。这一点也很重要。只有当孩子自己意识到问题时,他才能不断地改进。

因此,虽然"完全是行骗者的错"这一事实无法改变,但重要的是,暂时先接受失足少年的"是被骗者的错"这一说法,再帮助他们改正。

另外,与为了保护自己的内心而进行的合理化有所不同,如果有人只是说一些歪理,那么就会被认为是"无情的"。极度缺乏同理心、缺少温暖的人格,在心理学上被称为"无情型人格障碍"（也称为反社会型人格障碍）。在轻易地背叛关照过自己的人、偷窃或骗取钱财的人中，经常能够发现这种"无情型人格障碍"。

现实生活中，无情型人格障碍的人极少，您一般无须过于担心。不过，如果一个人经常满不在乎地背叛别人，就可以怀疑他是"无情的"，我们必须对此十分注意。

● 培养孩子的同理心和道德心

同理心和道德心有着密切的关系。

所谓道德心，是一种社会能力，它能够促进我们采取生而为人更好地生活的行为。即根据社会中大多数人共同的价值观和规则，做出判断和行动，从而使自己拥有与他人共同生活的能力。

学校里会进行道德教育，当然这也是家庭教育中应该教导的内容之一。例如，要教给孩子"遵守秩序排队"的规则。为了让大家在社会中过得舒适，这些规则是必不可少的，然而它们却不是人类自然而然就能掌握的规则。我们在小时候，不懂得遵守秩序，经常插队，或者把朋友的玩具抢走。这是因为我们在儿时尚不能意识到他人的存在，所以做出上述行为是可以理解的。

教育孩子"要遵守秩序",是父母的职责之一。我们有必要让孩子了解规则,让孩子过上舒适的生活。

首先,孩子意识到"因为被教导要遵守秩序,所以照做"。记住规则,避免引发不必要的麻烦是第一阶段。接下来,重要的是能够基于同理心来进行判断,即孩子自己能够思考"如果我不遵守秩序,其他排队的人会怎样看待我呢",进而做出更好的行为。

虽然教导孩子遵守规则是很重要的,但是仅凭这些仍是不够的。有的孩子当然知道"不可以偷别人的东西""不可以说谎"等等,但是他们仍然会这样做,这与他们的道德判断能力较低、同理心较低有关。

● 为什么不能经常对孩子说"小心点"?

麻衣的奶奶和代抱有强烈的"不想让可爱的孙女感受不愉快""不想让孙女感到痛苦"的想法,所以不论孙女做什么事情,她都会抢先一步说"小心点"。奶奶觉得这是为孙女好,因此一直这样做。

但是,奶奶的行为都是过度保护、过度干涉。如果麻衣的父母能多照顾她就好了，然而他们没有这样做。结果，麻衣自己感知和判断危险的能力较低，即使遇到危险的事情也不懂得辨别而轻易去尝试。同时，麻衣的同理心也较低，不擅长揣测他人的心情。

如果父母一味地制止孩子，无论什么事情都说"小心点"，那么孩子就会失去体验经历的机会。经历既有积极的一面，也有消极的一面。有时某些经历会让人情绪低落，然而这正是成长所必需的。

例如，有人邀请你去参加万圣节派对，当你到达现场的时候，发现大家都盛装出席了，而自己却穿着便装，你会觉得很不好意思。于是，你就会想到，下次要事先确认该穿什么衣服。而当我们邀请别人来参加派对的时候，为了不让来的人觉得不好意思，会事先告诉对方需要穿什么样的衣服。

这种小失败并不会带来致命的后果。如果父母什么都事先提醒孩子，或者干脆阻止孩子，说"不要参加派对"，那么孩子就无法获得这些经历。

当然，如果是真正危险的事情，那么父母必须阻止。

如果孩子站在陡峭的河边，那么父母绝对不能不管不问，因为倘若孩子掉进河里，就有可能面临生命危险。父母首先需要判断危险的大小。最关键的判断标准是，是否关系到孩子的生命安危。除此之外，父母要考虑能容许什么程度之内的事情发生。

我非常理解父母因为担心而忍不住阻止孩子的心情。但是，父母不可能一直陪伴孩子。如果父母常常充当"拐杖"，避免让孩子跌倒，那么没有跌倒经验的孩子就不知道自己应该注意什么。如果父母真的为孩子着想，就要敢于让孩子经历失败。

特别是人际关系的失败会培养孩子的同理心。孩子将真心话告诉朋友，并对朋友说"不要告诉别人"，可朋友还是告诉了别人；当孩子心情不好的时候，朋友还开玩笑，于是孩子一怒之下对朋友说了过分的话。这些失败的经历都是一种体验。

如果孩子说"她总是很自私，所以我对她说'笨蛋'也是不得已的"，父母不要轻易否定孩子的借口，要学会倾听，说"原来你是这么想的啊"。

孩子在和父母交流的过程中，自己可能会意识到"那个说法好像有点过分。她可能受到伤害了，我明天还是给她道歉吧"。如果孩子自己无法深刻地内省，父母可以鼓励孩子，对他说"你的朋友感觉怎么样呢"。请注意，父母不要直接说出想法，而要引导孩子自己思考。

小时候的经历会对以后的人生产生长远的影响。发展心理学把从儿童阶段到青少年阶段的这一时期作为研究对象。如今，终身发展心理学备受关注，它是一门从发展贯串一生的视角来探索人生的学问。特别是在老龄化如此严重的社会，成年后如何行动、如何生活是一个重要的主题。

一个人即使上了年纪也能继续学习，因为即便体力下降了，心理上的发展仍在持续。但无论如何，孩提时代的经验会成为我们日后学习的基础。

我想让父母们了解的是，儿时的种种经历不仅是为了让孩子成长为自立的大人，还会对他们的一生产生影响。

● 让孩子学会内省，而非反省

我在前文中讲过，如果孩子的同理心较低，常常以自我为中心，就很难进行深入的内省。

内省虽然与"反省"相似，但其实和反省不同。它是指面对自己的内心，客观地回顾、分析自己的言行和想法。内省的目的是让自己有所感悟。

反省是指回顾自己的言行或想法中不好的地方，它含有想要改正的含义。

当孩子出现问题行为的时候,大人往往会说"好好反省"。但遗憾的是,这句话在很多时候是没有意义的。

"对不起,我做了坏事,以后再也不做了。"虽然父母成功地引导孩子说出这句话,但孩子很多时候会在心里不屑。这是因为孩子在没有直面自己的内心的情况下,被父母要求说了反省的话。

我见过的失足少年都特别习惯表达反省,他们甚至能说出一连串反省的话,令人十分惊讶,而且他们也非常擅长摆出一副乖乖听话的面孔。但是,反省的话说得再好,反省的表情做得再好,又有什么用呢?

一开始,孩子们肯定会找借口,说"因为有这样的理由,所以没办法"之类的话。对此,如果父母反复地训斥,对孩子说"不要狡辩,好好反省",那么孩子就不再找借口了,而是会说"对不起,都是我的错,惹了这么多麻烦。我今后会改正,好好表现"。就这样,孩子会变得非常擅长反省。但是由于孩子没有进行内省,他还是会重复做相同的坏事。

而且,"好好反省"这句话会让孩子感到压抑。如果父母不倾听孩子的不满,一味地强迫孩子反省,那么孩子的不满会不断地积累，总有一天会爆发。

我再次强调，重要的是让孩子学会内省。对于不擅长回顾自己言行和想法的孩子，父母要主动询问"为什么要这样做""那时候是怎么想的"，来帮助孩子进行内省。当然，父母不要指出"这样做不好吧""这么做对方会生气的"，而要让孩子自己意识到问题所在。

● 直面自我感受的"角色书信疗法"

有一种内省的方法叫作"角色书信"。它与本书第60页中提到的内观疗法一样，也是少年院和监狱的改过自新计划中经常使用的方法之一。这种方法十分简单，不需要做特别的准备，只要纸和铅笔就行了。因为这种方法在家庭中也能便捷地加以应用，所以我想向您介绍一下。

"角色书信"的名称来自角色扮演，它的形式是一边扮演角色，一边交换书信，也被称为"角色书信疗法"或"角色交换书信法"。即孩子先给母亲等特定的人写信，然后以对方的口吻给自己回信。这个过程全部是由孩子一个人来完成的，而且写好的信也不会被投进邮筒。同时，由于这些信不会拿给对方看，所以孩子们能够毫无保留地写下自己的感受。

采用"角色书信疗法"的目的是，让孩子在体验自己和对方的角色的同时，直面自己的内心，并有所感悟。

写信的对象是与孩子的人格形成密切相关的人，即父母、祖父母、兄弟姐妹、老师等。如果孩子的某种不良行为伤害了别人，也有给对方写信的情况。

让我们来看看具体是怎么做的。从个人隐私的角度考虑，我不能记录真实的角色书信案例，所以下列书信只是我基于事实的创作。为了便于阅读，我还将其中的拼音改为了汉字。但是，这些书信也具有一定的真实性。

以下是因使用兴奋剂而被送入少年院的 N 所写的角色书信。

首先，N 给母亲写了一封信。

【角色书信① 写给母亲的信】

妈妈，这次我做了过分的事情，对不起。

我曾经决定再也不做坏事，也对妈妈做出了承诺，但是我却背叛了您。从小我就怕给您惹麻烦，真没想到如今会因为这样的事情被送进少年院。

当然，我知道不能食用那些药品，但是我实在没忍住。

当我觉得疲惫不堪的时候,我再次逃避到药品的世界里。

为什么我是这么脆弱的人呢?我也讨厌自己。

您应该也有同样的感觉吧。您一直照顾我,应该感到厌倦了吧。真的很抱歉。我发誓再也不吃那些药了。

弟弟还好吗?

他知道我进了少年院吗?希望妈妈不要告诉他这个消息。如果他知道我进了少年院,一定会讨厌我这个哥哥吧。

我知道,如果自己被大家放弃也是没办法的事情。

如果可以的话,请您来这里看我。

我想当面向您道歉。

我看过的失足少年写的角色书信数不胜数,像这个案例一样,他们给父母写信时,大多是从"对不起"开始。因为这封信并不会真正拿给对方看,所以孩子们没有必要装出反省的样子。他们有强烈的"给别人添麻烦了"的想法。同时,在信里也可以看到"本来还想这样做,但因为那样的理由没能做到"等将自己行为合理化的语言。

接下来,是 N 站在母亲的立场上,给自己写的回信。

【角色书信② 母亲给自己的回信】

我读了你的信。

你了解自己所做的事情有多么严重吗？

你知道"背叛"，那你为什么会变成那样呢？

第一次被抓的时候，你在我面前哭着道歉说再也不会做坏事了。

可是为什么你又干坏事了？

通过这次的事情，我知道自己在教育孩子方面是失败的。

我不知道该如何教育你，我感到无能为力。我已经累了。

你自己说的逃避到药品的世界里，是在逃避什么呢？

我不知道怎么把你培养成了那么软弱的人。

请你在少年院里重新审视自己吧。

我不想和你见面。

我不想看到你。

因为这封信是我撰写的，所以措辞极其严厉。但是有很多孩子，像我举的这个案例一样，一开始写的信充满敌对情绪。

但是，在不断撰写回信的过程中，情绪就会发生变化。

通过写信的形式，可以让孩子客观地看待自己和对方，能够具体地发现自己的弱点和需要改善的地方，也能看到与充满敌对情绪的对方需要磨合的要点。在信中，孩子与对方的关系也会慢慢变好。

【角色书信③　写给母亲的信】

谢谢您的回信。

您有这样的心情，也是理所当然的。

我自己也不知道为什么会变成这么脆弱的人。

我说自己逃避到了药物的世界里，大概是在逃避人生吧。

考试、社团活动等事情，我都半途而废，什么都没做好。

我觉得这样的自己很丢脸，每天都过得很不开心，总是很消沉。

那时候妈妈也总是主动询问我。

明明您很忙，却还担心地问我"怎么了"。

但是我却背叛了您。

我也想过自己的个人价值。

在少年院里，我有很多重新审视自己的时间。

在这样的过程中,我发现了自己一直以来都有的缺点:我不擅长表达,很容易就放弃,也撒了很多谎。

弟弟什么都做得很好,我觉得自己很没出息。我找不到自己的优点。

为什么我会变成这样呢?

我会认真思考的。

【角色书信④ 母亲给自己的回信】

你最大的优点是心地善良。

当然,背叛他人的行为是绝不能容许的。

我还是不想见你。

只是,你应该更加珍惜自己。

从你小时候开始,每当你愁眉苦脸的时候,我都会问你"怎么了",你总是说"没什么"。

你是怕我担心,所以才不告诉我发生了什么事吧。

你知道我因为工作和照顾老人,很忙,所以才什么都没说。

你找不到任何人商量,不知不觉中自己积累了很大的压力。我没注意到这些,是我做得不好。

因为我也没有多余的时间和精力,所以就接受了你说的"没什么"。

但这并不意味着你可以使用药物。

如果你现在有很多审视自我的时间,就应该好好地回顾自己的过去。

如果你真的想改变,我也会帮助你。

你以后要怎么改变,已经做了哪些改变,再写信告诉我吧。

N通过写角色书信,第一次深刻地思考并体会到母亲的心情,他也意识到自己得到了母亲的认可,了解了母亲的痛苦之处。接下来,N就能够考虑今后该怎么做了。

如果将角色书信疗法与前文提到的内观疗法结合起来,孩子会更深刻地进行内省。

麻衣最初也是采取以自我为中心的思考方式,但通过少年院的内观疗法和角色书信疗法,她意识到了很多问题。

麻衣对奶奶产生了"希望能给我更多的自由,能更加相信我"的想法,同时她也意识到,奶奶背负着必须把自己培养成优秀孩子的巨大压力。"要是能多说些让奶奶安心的话就好了",麻衣开始思考如何和奶奶沟通。

首先,阅读这本书的您可以试着体验角色书信疗法。

您可以给自己的父母、兄弟姐妹、孩子等家人写信，或者给职场上的同事写信。

请注意，当您让孩子体验角色书信疗法时，目的不是让他进行反省。您可以看看孩子写的信，但一定不要指导孩子怎么写。如果您打算让孩子写一些反省的话，那就不会产生真正的效果。一般来说，角色书信是"不给对方看的信"，所以孩子才能够发自内心地写出自己的心情，并且能够站在对方的角度，客观地回顾自己的言行并有所感悟。

我在大学的课堂上也让学生们体验过角色书信疗法，他们也获得了不同的感悟。很多学生一开始不知道该写什么，但是写了之后，他们就沉浸其中了。而且由于学生们可以意识到自己发生的变化，他们都觉得很有趣。

虽然这种疗法看上去只是在写信而已，但实际上，写信者会成长很多。这听上去有些不可思议，事实上效果非常显著。请您在家里也尝试一下吧。

● 你是否对孩子过度保护或过度干涉？

在本章第一节介绍的案例中，麻衣的奶奶因为过度保护或过度干涉，阻碍了孩子的发展。这就是父母觉得为了孩子好，但对孩子来说却是个"大麻烦"的典型案例。父母觉得自己都是为孩子着想，所以就很难察觉到问题所在。那些总是担心孩子的父母，有必要经常回顾自己教养时的态度。

重新梳理一下，过度保护是指给予孩子超过必要程度的保护。孩子在自立之前，父母需要根据他的发展给予支持。但是如果采取不必要的保护态度，包括过分迁就孩子、溺爱孩子等，就是过度保护。其中，过度地干预孩子的做法叫作过度干涉，即干预孩子做的事情、孩子的交友关系，有时甚至禁止孩子做某事。

关于父母的教养方式对孩子的影响，美国心理学家西蒙兹将它分为支配、服从、接受、拒绝四种类型。下面我将介绍其主要内容，以供您在回顾自己的养育态度时加以参考。

西蒙兹提出的父母教养方式的四大类型

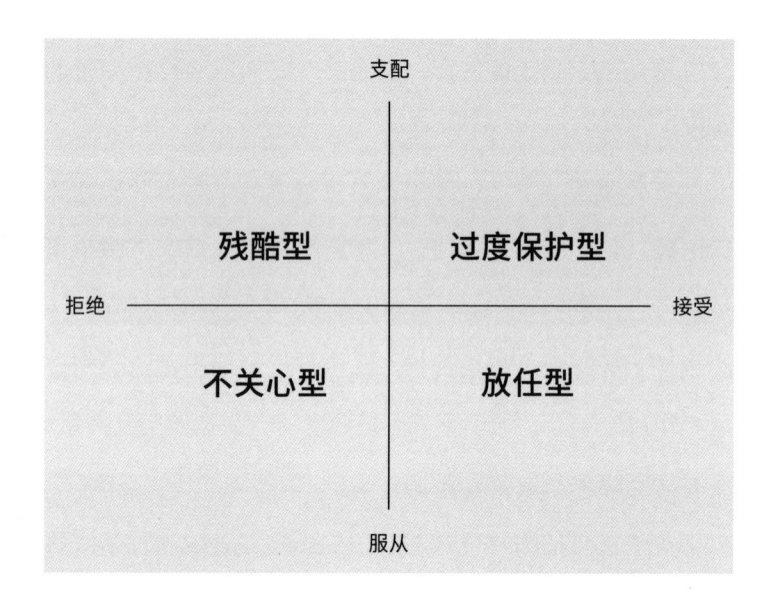

```
              支配
               │
    残酷型     │    过度保护型
               │
拒绝 ──────────┼────────── 接受
               │
   不关心型    │    放任型
               │
              服从
```

支配

对孩子采取命令或强制的养育态度。虽然孩子会顺从地长大,但很少做出自发性的行为,经常看父母的脸色行事。

服从

父母观察孩子的表情,对孩子言听计从的养育态度。孩子将表现出不服从别人、暴躁、不踏实的性格。

接受

被父母接受的孩子通常会表现出社会所需要的行为，如兴趣广泛、情绪稳定等。孩子面对危险会表现得非常谨慎，但是当父母不在身边时会表现出好奇心。虽然孩子性格温和，但没有学会保护自己的方法。

拒绝

无视或拒绝孩子的冷淡的养育态度。孩子会变得神经质和不安，有时为了吸引周围人的注意，会做出反社会的行为。

虽然父母的养育态度大致分为上述四种类型，但在实际情况中多为复合型。

麻衣的奶奶是【支配＋接受】的"过度保护型"，这是一种过度照顾孩子，剥夺孩子自身成长机会的教养模式。

【服从＋接受】的"放任型"，是指满足孩子的任何要求、溺爱孩子的教养模式，在这种教养模式下，孩子会变得以自我为中心、缺乏忍耐力。

【服从＋拒绝】的"不关心型"，是指父母虽然会给予孩子东西，允许孩子按照自己喜欢的方式做事，但是却无视孩子的教养模式。孩子会变得警戒心强、神经质、害怕孤独。

【支配＋拒绝】的"残酷型",是指一边对孩子采取否定的态度,一边命令支配孩子。这样的孩子缺乏同理心,为了逃避父母的支配而做出逃避行为。

如果您意识到自己接近哪种类型的话,比如您接近支配,那就要向服从靠近;如果接近保护,那就要向拒绝靠近。这样就容易取得平衡。最理想的状态是,不偏向任何一个类型,处于这个图的正中间位置上。请您务必参照这张图,进行自我检查。

● **过度保护和自由放任,都不利于孩子的成长**

过度保护的对立面是自由放任。"让孩子自己做主",这句话听起来不错,但是如果父母缺乏责任感,那就很危险了。只有在孩子有一定程度的是非分辨能力之后,才能让孩子自己做主。父母要先教给孩子道德规范、社会规则,之后基于亲子间的信赖关系,对孩子适度地自由放任。

例如,有的父母看到自家孩子不遵守秩序,推开在游乐设施前排队的其他孩子,自己先去玩,但他们却放任不管,放任自家孩子任性妄为。可以说,这样的父母就没有尽到作为父母的义务。

虽然我说过，父母不要总是插手，让孩子经历失败是很重要的，但这并不意味着父母连基本的规则都不教给孩子。特别是在孩子失败的时候，父母更不能采取"这是你自己做的，你自己想办法解决，我不知道"的态度。父母需要和孩子一起思考如何挽救失败的局面，使事态恢复正常，并且适时地给予孩子帮助。

近年来，在失足少年的监护人中，很多父母属于过度保护、过度干涉的类型，而在以前，大多数监护人属于置之不理、自由放任的类型。对于孩子做的事，他们表示"我不知道""不是我的错"。这种监护人似乎处于放弃育儿的状态，完全没有好好监护孩子。

那么过度保护、过度干涉型的父母面对孩子的不良行为，是否会过于承担责任呢？其实不然。他们会说"为了孩子，我付出了这么多。孩子为什么要这样做？"他们似乎想说"我没有错"。

总之，很多父母虽然嘴上说是为了孩子，但实际上过度保护、过度干涉孩子是为了他们自己。因为如果孩子失败了，就会有很多麻烦事随之而来，因此他们不想让孩子失败。如果孩子受伤了，便会追究父母的责任，所以他们不想让孩子受伤。即使是无意识的，父母也会因为这样的想法而干预孩子。

无论父母是过度保护还是自由放任，都不会对孩子产生良好的影响。为了避免自己的育儿方式偏向某一种类型，父母需要经常回顾一下自己的做法。重要的是，父母要根据孩子的发育情况给予适当的保护和支持。

● 遇到难题，与其父母插手，不如咨询专家

过度保护、过度干涉孩子的父母被称为"直升机父母"。这类父母如同直升机一样，盘旋在上空，密切地关注孩子的一举一动，一旦孩子发生什么事情，就会立刻冲过去帮忙。

有些父母为了帮助孩子而闯入学校，提出以自我为中心、不合理的要求，他们被称为"怪兽父母"。我也见过很多这种类型的父母，有的父母甚至会提出"我家孩子考试没及格，这很不正常，请改试题"等令人吃惊的要求。虽然这些父母们嘴上说着"为了孩子"，但是孩子本人恐怕也难以接受。

我希望父母们能冷静地思考，是否真的应该插手这些

事情。

当然，父母们表达正当的要求是没有任何问题的，将自己对孩子的担忧与老师商量也是可以的。例如父母有必要告诉老师，"我家的孩子在发展的特性方面，不擅长做这样的事情，如果在学校里能够得到您的照顾，那就太好了"。因为这不是孩子一个人能解决的事情，所以父母应该行动起来。而且我认为，如果和其他父母们携手合作，也能更好地解决问题。

那么，如果孩子被欺负了，父母该怎么办呢？这要视具体的情况而定，不能一概而论。

但是，至少可以肯定的是，认真地倾听孩子说话是很重要的。

另外，父母与其贸然地去学校申诉，还不如去咨询专家。正是由于父母非常在乎孩子，所以听到孩子受了欺负，便会怒气冲冲，想着"马上告诉老师""告诉对方的父母"，我非常理解父母的这种心情。但是如果父母情绪激动，很少能解决问题。甚至在很多情况下，反而会让孩子觉得尴尬。

因此，我建议父母与其直接对峙，不如求助于专家。现在日本有各种各样的咨询渠道，也有很多可以咨询欺凌问题的官方机构。虽然在日本很多人都不习惯借助这样的机构，但我还是建议大家能够随时去咨询一下。

"孩子好像经常偷家里的钱。"

"孩子晚上出门的次数增多，我担心他会和坏朋友交往。"

父母们可以就这些事情进行咨询，当然孩子本人也可以咨询。

"我被邀请加入朋友的偷窃团伙，感到很烦恼。"

"我因为一点小事就感到烦躁，甚至使用暴力，我害怕这样的自己。"

有很多父母因为向专家咨询而得到了帮助，所以当您在教育方面遇到困扰时，可以及时寻求帮助。

终章

父母的陪伴和关爱，
是让孩子成长的力量

没有一开始就完美的父母，
我们只能在失败中成为更好的父母。
随着孩子的成长，父母也会成长。

● 我是没有走上歪路的"老师的孩子"

实际上,我认为在育儿、教育方面,并不存在"只要这么做就一定能行"的成功法则。但是,却存在"这样做的话,基本上会出现问题"的情况。

本书基于对失足少年和犯罪者的心理分析,讲述了几种父母"觉得为了孩子好"却让孩子感到痛苦的育儿模式。如果能给处于育儿困扰中的父母带来一些启示,我将感到无比喜悦。我衷心地祝愿更多的孩子能拥有光明的未来。

虽然我在书里表现得似乎很了不起的样子,但其实我也不是完美的人。无论作为孩子还是父母,我都是一路伴随着烦恼而成长的。在本书的最后,我想讲一些自己的故事。

日本有句流传很广的话,叫作"老师的孩子容易走歪路"。虽然没有统计数据,但这句话所说的现象也很常见。我认为这类孩子容易走歪路的理由可能是这样的:因为是"老师的孩子",所以社会期望值很高,孩子便容易逞强;在逞强的过程中,有很多勉强自己的地方,最终因心理压力过大而做出不良行为。我认为那句话或许描述的是这种发展模式。

我的父亲是一名小学教师,他在退休前是一所历史悠久的名牌小学的校长。

直到小学三年级,父亲都和我在同一所学校里,所以我感到很不自在。大家都把我当作"老师的孩子"来看待。在学校里,父亲有时也会吩咐我做事,说"把那个拿过来"。当我把东西拿到教师办公室时,会感觉很苦恼,不知道叫"老师"好,还是叫"父亲"好。直到父亲转到别的小学工作后,我才松了一口气。

毫无疑问,作为老师的孩子被别人寄予过高的期望,会觉得很受约束。我觉得当时自己可能会因为某个契机就走上歪路。现在想来,我也觉得自己有好几次处于危险的状态。

幸运的是,我的父亲是个很会观察孩子的人。他常说:"孩子连自己所想的1%都说不出来,所以父母和老师要经常观察孩子,确认是否有异常情况,这点很重要。"他还说:"当孩子在求助的时候,事态就发展到难以恢复的地步了。"

或许说起来有些奇怪,我直到七年级、八年级都和父亲一起泡澡。在泡澡的时候,和父亲聊各种各样的事情,这几乎成了那时的日常。

那时候，父亲只要发觉我情绪低落，就会主动问我"怎么了"。虽然我并不会和父亲谈论烦恼，然后求助于他，但是父亲总会保持"倾听"的态度，我觉得他做得非常好。当时，只要我把心中郁闷的事情说出来，心情就会变得轻松起来，而且会有一种不论发生什么事情，都能和父亲商量的安心感。

假如平时父亲不经常和我聊天，突然对我说"你最近有些异样，说说有什么事情吧"，那么我恐怕也很难说出心里话。在平常泡澡的时候，父亲总是不经意地主动和我聊天，这种做法对我有很大的帮助。

● 无论发生什么事情，家人都会一起商量

就这样，没有走上歪路顺利成长的我，在长大成人后，成了一对双胞胎女孩的父亲。作为父母，我也有很多烦恼。

我在法务省的工作需要频繁调动，而且是日本全国范围内跨都道府县的调动，所以给家人带来了很大的负担。我的孩子们出生于仙台，我们曾迁居到横滨、东京、高知、松山，最后搬到了东京居住。孩子们在小学期间换过四所学校。虽然我也可以选择自己一个人去外地工作，但是我

们全家一起商量后，决定搬家。

虽然我的工作地点变动了，但是基本上业务内容是一样的，所以我并没有那么辛苦。但是我的家人却非常辛苦。因为地域不同，语言、文化和风俗习惯也会有所不同，所以她们必须重新开始建立人际关系。女儿们也经常因为搬到新地方而感到紧张。每当我察觉到她们的眼神变得敏感、表情发生细微的变化时，便会感到非常心痛。

无论发生什么事情，我们都会一家人一起商量。我们不会单方面地做出决定，然后强迫孩子服从。我非常重视家人之间的沟通，希望全家人达成共识。当我想从法务省辞职去大学当教师的时候，也和全家人商量过。我们家构建了"召开家庭会议是理所当然的"家庭文化。

当孩子有烦恼的时候，我们会耐心地倾听孩子诉说。我们不会说"这样做不好吗"来给孩子提出建议，而是充当倾听的角色。我会在桌子上铺一张纸，写下关键词，然后一边看着纸，一边帮助孩子整理思路，说"这里和这里有联系""这点很重要啊"。当女儿们有烦恼的时候，我家几乎每天晚上都会这样做，直到解决问题为止。

例如，我记得很清楚，当女儿准备大学入学考试时，我每天晚上都会倾听她们说话。此后，我们也通过这种方式倾听女儿找工作的烦恼等事情。因为我的女儿们是双胞胎，所以她们的升学时间是相同的，但是她们的升学类型是完全不同的。在必要的时候，我会铺开纸，认真地倾听她们讲话。

直到现在，我 30 岁的女儿们还会说："我们家的家庭会议真好啊。"她们还知道，如果有什么事情想商量，最后可以铺一张纸召开家庭会议。

由于从孩子儿时起，我们就创造了全家一起分享的文化，所以现在她们也会很自然地和家人分享近况。虽然我的一个女儿在加拿大，但是我几乎每天都会和她视频聊天。我们全家四口人，常常一起分享生活状态。这些并不是义务性的，而是自发性的。

我经常会收到女儿们发来的很多质朴纯真的短信，在别人看来，会感到非常吃惊。因为似乎父亲和女儿不怎么联系是很正常的。虽然我觉得女儿们给我发来的消息很有意思，也觉得父女关系好是件好事，但是偶尔也会觉得"她们是不是有点太依赖父母了"。

我不知道我的家庭模式是好是坏，但我们的目标是创造"在家庭会议上与家人分享"的氛围。

● 通过"家庭品牌建设",打造无可替代的家庭

我的故事只是一个例子,并不是说"这样做就没问题"。如果有 100 个家庭,就会有 100 种不同的家庭状态。

不要因为脱离了"普通家庭""一般家庭"的状态而感到不幸,重要的是思考"我们要以成为这种家庭为目标",然后将这种想法与家人分享。

我将这种做法称为"家庭品牌建设"。

所谓品牌建设,是指让目标对象拥有共同的印象,感受到价值。虽然这个词语一般被应用于企业和商品,但是也可以运用到家庭中。我来说明一下原因。

首先,品牌建设分为"外品牌"和"内品牌",消费者和客户等对外的部分是外品牌,内品牌则是针对构成组织的成员而言的。

以公司为例,就是要共享公司的使命和愿景,让每个成员都能做到将此当作自己的事情。正是有了这种内部品牌建设,从公司外部的角度来看,也能感觉到公司统一的形象和价值。"家庭品牌建设"指的是内部品牌建设。

说到品牌建设,最重要的是差异化。如果是随处可见的普通商品,就不能成为品牌。每个品牌肯定都有各自的

附加价值。例如，全棉的白衬衫，无论什么品牌，从功能上来说，它们都是一样的。但是，品牌不同，顾客感受到的价值也大不相同。"致力于创造出让穿衣者看上去最美丽的白色""制作得很结实，洗一百次也不会皱皱巴巴"，像这样，每个品牌都有各自宣传的卖点，即它们的目标价值是不同的。这是作为品牌价值被共享时最重要的事情。

以家庭来说，不必将电视剧中出现的那种光鲜亮丽的家庭作为目标，也不必成为具有某些特征的家庭（当然有特征也可以）。但是，不自觉地认为自身是"平凡的家庭形象"是不太好的。

当认为自身是"平凡的家庭形象"后，很容易用大人的标准要求孩子，这是很危险的，很容易像扣错扣子一样，一步错，步步错。父母觉得"为了孩子好"的事情，但对孩子来说却是个"大麻烦"，等父母意识到的时候，就已经出现了严重的问题。

实际上，这种差异化是对家庭成员而言的。倘若在家庭中共享"咱们家拥有这样的价值，以成为这样的家庭为目标"等观念，那么对成员来说，这个家就会成为独一无二、无可替代的家庭。即使家庭的功能和其他家庭一样，或者稍微差一些，对成员来说也是不可替代的。如果家庭成员不想失去这样的家庭，那么家庭就会成为打消他违法念头的"基础"。

通过"家庭品牌建设"，能够打造无可替代的家庭。

● 只要坦诚地面对孩子，孩子就能感受到父母的态度

每个家庭都有各自的情况，育儿环境也各不相同。有的家庭因为经济问题，父母和孩子在一起的时间很短，或是无法满足孩子的要求；也有的家庭因为是单亲家庭，所以单身父母没有可以商量的对象；也有因为疾病等背负着很多负担的家庭。

越是艰苦的环境，育儿就越辛苦。当育儿不顺利时，父母们有时就会情绪低落。

经常会有父母因为孩子的问题行为来少年鉴别所咨询，其中有些父母完全没有自信，说出"自己没有做母亲的资格"之类的话。

但是，我希望大家把处理孩子的问题当作一个机会，然后继续前进。正是因为注意到了孩子的问题行为，所以父母们可以帮助他们改正不好的地方。父母们不要害怕面对孩子的问题行为。

无论多么优秀的父母，都会为养育孩子而烦恼。不按照自己的想法发展，才是育儿。当时间不充裕时，父母会催促孩子"快点做"，甚至情绪暴躁地说"要说多少遍你才明白"。

没有一开始就完美的父母，我们只能在失败中成为更好的父母。随着孩子的成长，父母也会成长。

当您觉得对孩子说得太过分了，或者觉得那样说不太好时，就要向孩子道歉。

"刚才因为担心你，所以说得过分了，对不起。"

如果父母这样说，孩子应该能感觉到父母在认真对待自己，这才是最重要的。

父母究竟是为了自己而教育孩子，还是在真诚地面对孩子，孩子会立马察觉出来。即使父母嘴上说"我是为了你好才说那些话的"，但实际上却是为了他们的面子而说的，孩子也马上就能明白。反过来说，即使父母不擅长表达，但只要坦诚地面对孩子，孩子也能感受到父母的态度。

即使在育儿过程中有不顺利的事情，只要带着爱认真地面对孩子，总会有办法的。

父母们不要害怕面对孩子的问题行为。

这是本书最想传达的内容。

本书旨在让读者回顾自己的育儿方针和育儿观，如果我通过对失足少年的心理分析获得的知识能对读者有所帮助，那将是我无上的喜悦。

● 写给那些认为"都是父母让我变成了这样"的人

在本书的最后，我还想说，或许有人认为"自己之所以会变成这样，都是父母造成的"。我在少年鉴别所中听失足少年们讲述时，即使他们没有直接说出来，他们几乎也有这样的想法。

"都怪被父母这样养育长大，我才变成了这样。"

"都怪父母在关键时期没有好好教育我，所以我才变成了这样。"

这的确是一个事实。如果发生了问题，那不是你一个人的错。

最近日本有一个流行词叫"父母盲盒"，意思是孩子无法选择父母，出生在什么样的家庭里全凭运气。"没抽中理想的父母盲盒"，意思是自己出生在环境不好的家庭里。

父亲不好好工作，白天就喝酒，母亲晚上也要工作，自己放学回家没人照顾……如果成长在这样的家庭，孩子就会认为"都是父母的错"。即使在周围人的眼里看起来是理想的家庭,也有孩子觉得父母只顾工作和面子,完全不关心自己,并且怨恨父母。

遗憾的是,我们并不能改变成长环境。我们也没办法重返婴儿时期,被父母重新养育。

既然如此,我们只能考虑如何接受这个现实,让自己能够幸福地生活下去。

不能让自己处于抱怨"自己变坏的原因都在于父母,所以没有办法"的状态中。即便把父母当作免罪牌,自己也得不到任何好处。

重要的是,要把自己积蓄的不满、愤怒、寂寞等情绪全部发泄出来。如果有人倾听的话,就说出来;如果没有人倾听的话,就写在纸上吧。彻底吐露出自己的心声,整理好自己的情绪之后,再前进吧。请你思考一下,为了今后自己的幸福生活应该怎么做。

人的一生中会遇到各种各样的事情,但只要自己不堕落、不放弃,就一定会有好事发生。我相信未来一定是光明的。

图书在版编目(CIP)数据

打击孩子的话，拯救孩子的话：研究了10000名罪犯的犯罪心理学家告诉你：看似平常的6句话，对孩子伤害却这么大！/(日)出口保行著；李诺译. -- 北京：中国致公出版社，2024.4
　ISBN 978-7-5145-2155-9

Ⅰ.①打… Ⅱ.①出…②李… Ⅲ.①青少年犯罪－犯罪心理学－研究 Ⅳ.①C913.5

中国国家版本馆CIP数据核字(2023)第152877号

『犯罪心理学者が教える子どもを呪う言葉・救う言葉』(出口保行)
HANZAISHINRIGAKUSHA GA OSHIERU KODOMO WO NOROU KOTOBA・SUKUU KOTOBA
Copyright © 2022 by Yasuyuki Deguchi
Original Japanese edition published by SB Creative Corp., Tokyo, Japan
Simplified Chinese edition published by arrangement with
SB Creative Corp.
through Japan Creative Agency Inc., Tokyo

著作权合同登记图字：01-2023-4222号

打击孩子的话，拯救孩子的话：研究了10000名罪犯的犯罪心理学家告诉你：看似平常的6句话，对孩子伤害却这么大！/[日]出口保行　著　李诺　译
DAJI HAIZI DE HUA ZHENGJIU HAIZI DE HUA : YANJIU LE 10000 MING ZUIFAN DE FANZUI XINLIXUE JIA GAOSU NI : KANSI PINGCHANG DE 6 JU HUA DUI HAIZI SHANGHAI QUE ZHEME DA

出　　版	中国致公出版社
	（北京市朝阳区八里庄西里100号住邦2000大厦1号楼西区21层）
发　　行	中国致公出版社（010-66121708）
责任编辑	付　阳　雷　琛
监　　制	黄　利　万　夏
特约编辑	胡　杨
营销支持	曹莉丽
版权支持	贾　超
责任校对	魏志军
装帧设计	紫图装帧
责任印制	邢雪莲
印　　刷	艺堂印刷（天津）有限公司
版　　次	2024年4月第1版
印　　次	2024年4月第1次印刷
开　　本	880毫米×1230毫米　1/32
印　　张	6
字　　数	100千字
书　　号	ISBN 978-7-5145-2155-9
定　　价	55.00元

（版权所有，违者必究，举报电话：010-82259658）
（如发现印装质量问题，请寄本公司调换，电话：010-82259658）